断魂枪集

老舍小说精汇

舒乙/主编

文汇出版社

图书在版编目（CIP）数据

断魂枪集 / 老舍著 . - 上海：文汇出版社，2008.11
ISBN 978-7-80741-439-1

Ⅰ.断… Ⅱ.老… Ⅲ.短篇小说-作品集-中国-现代
Ⅳ.I246.5

中国版本图书馆 CIP 数据核字（2008）第 160191 号

断魂枪集

作　　者 /	老　舍
责任编辑 /	若　晨　江　飞
装帧设计 /	灵动视线
出版发行 /	文汇出版社 上海市威海路 755 号 （邮政编码 200041）
经　　销 /	全国新华书店
印　　刷 /	山东新华印刷厂临沂厂
版　　次 /	2008 年 11 月第 1 版
印　　次 /	2008 年 11 月第 1 次印刷
开　　本 /	870×1092　1/32
字　　数 /	143 千
印　　张 /	7.125
书　　号 /	ISBN 978-7-80741-439-1
定　　价 /	23.00 元

老舍小传

老舍（1899.2.3—1966.8.24），我国现代文豪，小说家，戏剧作家。原名舒庆春，字舍予，满族，北京人。出身寒苦，自幼丧父，北京师范学校毕业，早年任小学校长、劝学员。1924年赴英在伦敦大学东方学院教中文，开始写作，连续在《小说月报》上发表长篇小说《老张的哲学》、《赵子曰》、《二马》，成为我国现代长篇小说奠基人之一。归国后先后在齐鲁大学、山东大学任教，同时从事写作，其间代表作有长篇小说《猫城记》、《离婚》、《骆驼祥子》，中篇小说《月牙儿》、《我这一辈子》，短篇小说《微神》、《断魂枪》等。抗日战争爆发后到武汉和重庆组织中华全国文艺界抗敌协会，对内总理会务，对外代表"文协"，创作长篇小说《四世同堂》，并对现代曲艺进行改良。1946年赴美讲学，四年后回国，主要从事话剧剧本创作，代表作有《龙须沟》、《茶馆》，荣获"人民艺术家"称号，被誉为语言大师。曾任全国文学艺术界联合会副主席、全国作家协会副主席及北京市文联主席。1966年"文革"初受严重迫害后自沉于太平湖中。有《老舍全集》十九卷。

目 录

序 …………………………………… 1

五九 ………………………………… 1
热包子 ……………………………… 5
爱的小鬼 …………………………… 10
末一块钱 …………………………… 16
老年的浪漫 ………………………… 27
老字号 ……………………………… 39
断魂枪 ……………………………… 46
听来的故事 ………………………… 55
哀启 ………………………………… 64
"火"车 ……………………………… 78
人同此心 …………………………… 92
杀狗 ………………………………… 103
兔 …………………………………… 126
东西 ………………………………… 145
浴奴 ………………………………… 158
一块猪肝 …………………………… 166

一封家信 …………………………………… 177
恋 ………………………………………… 185
八太爷 …………………………………… 197
一筒炮台烟 ……………………………… 208

序

这里的"赶集"不是逢一四七或二五八到集上去卖两只鸡或买二斗米的意思,不是;这是说这本集子里的十几篇东西都是赶出来的。几句话就足以说明这个:我本来不大写短篇小说,因为不会。可是自从沪战后,刊物增多,各处找我写文章;既蒙赏脸,怎好不捧场?同时写几个长篇,自然是作不到的,于是由靠背戏改唱短打。这么一来,快信便接得更多:"既肯写短篇了,还有什么说的?写吧,伙计!三天的工夫还赶不出五千字来?少点也行啊!无论怎着吧,赶一篇,要快!"话说得很"自己",我也就不好意思,于是天昏地暗,胡扯一番;明知写得不成东西,还没法不硬着头皮干。到如今居然凑成这么一小堆堆了!

设若我要是不教书,或者这些篇还不至于这么糟,至少是在文字上。可是我得教书,白天的工夫都花费在学校里,只能在晚间来胡扯;扯到哪儿算哪儿,没办法!

现在要出集了,本当给这堆小鬼一一修饰打扮一番;哼,哪有那个工夫!随它们去吧;它们没出息,日后自会受淘汰;我不拿它们当宝贝儿,也不便把它们都勒死。就是这个主意!

排列的次序是依着写成的先后。设若后边的比前边的好一点，那总算狗急跳墙，居然跳过去了。说真的，这种"歪打正着"的办法，能得一两个虎头虎脑的家伙就得念佛！

蒙载过这些篇的杂志们允许我把它们收入这本里，十分的感激！

老　舍　一九三四年，二月一日，济南。

编者注：该序原为作者短篇小说集《赶集》的序言，而本书中的作品选自包括《赶集》在内的多个集子，特此说明。

五 九

张丙,瘦得像剥了皮的小树,差不多每天晚上来喝茶。他的脸上似乎没有什么东西;只有一对深而很黑的眼睛,显出他并不是因为瘦弱而完全没有精力。当喝下第三碗茶之后,这对黑眼开始发光;嘴唇,像小孩要哭的时候,开始颤动。他要发议论了。

他的议论,不是有统系的;他遇到什么事便谈什么,加以批评。但无论谈什么事,他的批评总结束在"中国人是无望的,我刚说的这件事又是个好证据"。说完,他自动的斟上一碗茶,一气喝完;闭上眼,不再说了,显出:"不必辩论,中国人是无望的。无论怎说!"

这一晚,电灯非常的暗,读书是不可能的。张丙来了,看了看屋里,看了看电灯,点了点头,坐下,似乎是心里说:"中国人是无望的,看这个灯;电灯公司……"

第三碗茶喝过,我笑着说:"老张,什么新闻?"

出我意料之外,他笑了笑——他向来是不轻易发笑的。

"打架来着。"他说。

"谁?你?"我问。

"我!"他看着茶碗,不再说了。

等了足有五分钟,他自动的开始:

"假如你看见一个壮小伙子,利用他身体气力的优越,打一个七八岁的小孩,你怎办?"

"过去劝解,我看,是第一步。"

"假若你一看见他打那个小孩子,你便想到:设若过去劝,他自然是停止住打,而嘟囔着骂话走开;那小孩子是白挨一顿打!你想,过去劝解是有意义的吗?"他的眼睛发光了,看看我的脸。

"我自然说他一顿,叫他明白他不应当欺侮小孩子,那不体面。"

"是的,不体面;假如他懂得什么体面,他还不那样作呢!而且,这样的东西,你真要过去说他几句,他一定问你:'你管得着吗?你是干什么的,管这个事?'你跟他辩驳,还不如和石头说几句好话呢;石头是不会用言语冲撞你的。假如你和他嚷嚷起来,自然是招来一群人,来看热闹;结果是他走他的,你走你的路;可是他白打了小孩一顿,没受一点惩罚;下回他遇到机会还这样作!白打一个不能抵抗的小孩子,是便宜的事,他一定这么想。"

"那末,你以为应当立刻叫他受惩罚,路见不平……那一套?"我知道他最厌恶武侠小说,而故意逗他。

果然不出我所料,他说:

"别说《七侠五义》!我不要作什么武侠,我只是不能瞪着眼看一个小孩挨打;那叫我的灵魂全发了火!更不能叫打人的占了全胜去!我过去,一声没出,打了他个嘴巴!"

"他呢?"

"他?反正我是计划好了的:假如我不打他,而过去劝,他是得意扬扬而去;打人是件舒服事,从人们的兽性方面看。设若我跟他讲理,结果也还是得打架;不过,我未必打得着他，因为他必先下手，不给我先发制人的机会。"他又笑了；我知道他笑的意思。

"但是，"我问："你打了他，他一定还手，你岂是他的对手？"我很关心这一点，因为张丙是那样瘦弱的人。

"那自然我也想到了。我打他，他必定打我；我必定失败。可是有一层，这种人，善于利用筋肉欺侮人的，遇到自家皮肉上挨了打，他会登时去用手遮护那里，在那一刻，他只觉得疼，而忘了动作。及至他看明白了你，他还是不敢动手，因为他向来利用筋肉的优越欺人，及至他自己挨了打，他必定想想那个打他的，一定是有些来历；因为他自己打人的时候是看清了有无操必胜之券而后开打的。就是真还了手，把我打伤，我，不全像那小子那样傻，会找巡警去。至少我跟他上警区，耽误他一天的工夫（先不用说他一定受什么别的惩罚），叫他也晓得，打人是至少要上警区的。"

他不言语了，我看得出，他心中正在难受——难受，他打了人家一下，不用提他的理由充足与否。

"他打人，人也打他，对这等人正是妥当的办法；人类是无望的，你常这么说。"我打算招他笑一下。

他没笑，只轻轻摇了摇头，说：

"这是今天早晨的事。下午四五点钟的时候，我又遇见他了。"

"他要动手了？"我问，很不放心的。

"动手打我一顿，倒没有什么！叫我，叫我——我应当怎样说？——伤心的是：今天下午我遇见他的时候，他正拉着两个十来岁的外国小孩儿；他分明是给一家外国人作仆的。他拉着那两个外国小孩，赶过我来，告诉他们，低声下气的央告他们：踢他！踢他！然后向我说：你！你敢打我？洋人也不打我呀！（请注意，这里他很巧妙的，去了一个"敢"字！）然后又向那两个小孩说：踢！踢他！看他敢惹洋人不敢！"他停顿了一会儿，忽然地问我："今天是什么日子？"

"五九！"我不知道，为什么我的泪流下来了。

"噢！"张丙立起来说："怪不得街上那么多的'打倒帝国主义'的标语呢！"

他好像忘了说那句："中国人没希望，"也没喝那末一碗茶，便走了。

热 包 子

爱情自古时候就是好出轨的事。不过，古年间没有报纸和杂志，所以不像现在闹得这么血花。不用往很古远里说，就以我小时候说吧，人们闹恋爱便不轻易弄得满城风雨。我还记得老街坊小邱。那时候的"小"邱自然到现在已是"老"邱了。可是即使现在我再见着他，即使他已是白发老翁，我还得叫他"小"邱。他是不会老的。我们一想起花儿来，似乎便看见些红花绿叶，开得正盛；大概没有一人想花便想到落花如雨，色断香销的。小邱也是花儿似的，在人们脑中他永远是青春，虽然他长得离花还远得很呢。

小邱是从什么地方搬来的，和哪年搬来的，我似乎一点也不记得。我只记得他一搬来的时候就带着个年轻的媳妇。他们住我们的外院一间北小屋。从这小夫妇搬来之后，似乎常常听人说：他们俩在夜半里常打架。小夫妇打架也是自古有之，不足为奇；我所希望的是小邱头上破一块，或是小邱嫂手上有些伤痕……我那时候比现在天真的多多了；很欢迎人们打架，并且多少要挂点伤。可是，小邱夫妇永远是——在白天——那么快活和气，身上确是没伤。我说身上，一点不假，连小邱嫂的光脊梁我都看见过。我那时候常这么想：大概他们打架是一人手里拿着一块棉花打的。

小邱嫂的小屋真好。永远那么干净永远那么暖和，永远有种味儿——特别的味儿,没法形容,可是显然的与众不同。小俩口味儿,对,到现在我才想到一个适当的形容字。怪不得那时候街坊们,特别是中年男子,愿意上小邱嫂那里去谈天呢,谈天的时候,他们小夫妇永远是欢天喜地的,老好像是大年初一迎接贺年的客人那么欣喜。可是,客人散了以后,据说,他们就必定打一回架。有人指天起誓说,曾听见他们打得咚咚的响。

小邱,在街坊们眼中,是个毛腾厮火①的小伙子。他走路好像永远脚不贴地,而且除了在家中,仿佛没人看见过他站住不动,哪怕是一会儿呢。就是他坐着的时候,他的手脚也没老实着的时候。他的手不是摸着衣缝,便是在凳子沿上打滑溜,要不然便在脸上搓。他的脚永远上下左右找事作,好像一边坐着说话,还一边在走路,想象的走着。街坊们并不因此而小看他,虽然这是他永远成不了"老邱"的主因。在另一方面,大家确是有点对他不敬,因为他的脖子老缩着。不知道怎么一来二去的"王八脖子"成了小邱的另一称呼。自从这个称呼成立以后,听说他们半夜里更打得欢了。可是,在白天他们比以前更显着欢喜和气。

小邱嫂的光脊梁不但是被我看见过,有些中年人也说看见过。古时候的妇女不许露着胸部,而她竟自被人参观了光脊梁,这连我——那时还是个小孩子——都觉着她太洒脱了。这又是我现在才想起的形容字——洒脱。她确是洒脱:自天子以至庶人好像没有和她说不来的。我知道门外卖香油的,卖菜的,永远给她比给旁人多些。她在我的孩子眼中是

---

① 毛腾厮火,形容一个人毛手毛脚,不安生。

非常的美。她的牙顶美,到如今我还记得她的笑容,她一笑便会露出世界上最白的一点牙来。只是那么一点,可是这一点白色能在人的脑中延展开无穷的幻想,这些幻想是以她的笑为中心,以她的白牙为颜色。拿着落花生,或铁蚕豆,或大酸枣,在她的小屋里去吃,是我儿时生命里一个最美的事。剥了花生豆往小邱嫂嘴里送,那个报酬是永生的欣悦——能看看她的牙。把一口袋花生都送给她吃了也甘心,虽然在事实上没这么办过。

小邱嫂没生过小孩。有时候我听见她对小邱半笑半恼的说,凭你个软货也配有小孩?!小邱的脖子便缩得更厉害了,似乎十分伤心的样子;他能半天也不发一语,呆呆的用手擦脸,直等到她说:"买洋火!"他才又笑一笑,脚不擦的飞了出去。

记得是一年冬天,我刚下学,在胡同口上遇见小邱。他的气色非常的难看,我以为他是生了病。他的眼睛往远处看,可是手摸着我的绒帽的红绳结子,问:"你没看见邱嫂吗?"

"没有哇,"我说。

"你没有?"他问得极难听,就好像为儿子害病而占卦的妇人,又愿意听实话,又不愿意相信实话,要相信又愿反抗。

他只问了这么一句,就向街上跑了去。

那天晚上我又到邱嫂的小屋里去,门,锁着呢。我虽然已经到了上学的年纪,我不能不哭了。每天照例给邱嫂送去的落花生,那天晚上居然连一个也没剥开。

第二天早晨,一清早我便去看邱嫂,还是没有;小邱一个人在炕沿上坐着呢,手托着脑门。我叫了他两声,他没答理我。

差不多有半年的工夫,我上学总在街上寻望。希望能遇见邱嫂,可是一回也没遇见。

她的小屋,虽然小邱还是天天晚上回来,我不再去了。还是那么干净,还是那么暖和,只是邱嫂把那点特别的味儿带走了。我常在墙上,空中看见她的白牙,可是只有那么一点白牙,别的已不存在;那点牙也不会轻轻嚼我的花生米。

小邱更毛腾斯火了,可是不大爱说话。有时候他回来的很早,不作饭,只呆呆的愣着。每遇到这种情形,我们总把他让过来,和我们一同吃饭。他和我们吃饭的时候,还是有说有笑,手脚不识闲。可是他的眼时时往门外或窗外瞭那么一下。我们谁也不提邱嫂;有时候我忘了,说了句:"邱嫂上哪儿了呢?"他便立刻搭讪着回到小屋里去,连灯也不点,在炕沿上坐着。有半年多,这么着。

忽然有一天晚上,不是五月节前,便是五月节后,我下学后同着学伴去玩,回来晚了。正走在胡同口,遇见了小邱。他手里拿着个碟子。

"干什么去?"我截住了他。

他似乎一时忘了怎样说话了,可是由他的眼神我看得出,他是很喜欢,喜欢得说不出话来。呆了半天,他似乎趴在我的耳边说的:

"邱嫂回来啦,我给她买几个热包子去!"他把个"热"字说得分外的真切。

我飞了家去。果然她回来了。还是那么好看,牙还是那么白,只是瘦了些。

我直到今日,还不知道她上哪儿去了那么半年。我和小邱,在那时候,一样的只盼望她回来,不问别的。到现在想起来,古时候的爱情出轨似乎也是神圣的,因为没有报纸和杂志们把邱嫂的像片登出来,也没使小邱的快乐得而复失。

爱 的 小 鬼

我向来没有见过苓这么喜欢,她的神气几乎使人怀疑了,假如不是使人害怕。她哼唧着有腔无字的歌,随着口腔的方便继续的添凑,好像可以永远唱下去而且永远新颖,扶着椅子的扶手,似乎是要立起来,可是脚尖在地上轻轻的点动,似乎急于为她自造的歌曲敲出节拍,而暂时的忘了立起来。她的眼可是看着天花板,像有朵鲜玫瑰在那儿似的。她的耳似乎听着她自己脸上的红潮进退的微音。她确是快乐得有点忘形。她忽然的跳起来,自己笑着,三步加一跳的在屋中转了几个圈,故意的微喘,嘴更笑得张开些。头发盖住了右眼,用脖子的弹力给抛回头上,然后双手交叉撑住脑杓儿,又看天花板上那朵无形的鲜玫瑰。

"苓!"我叫了她一声。

她的眼光似乎由天上收回到人间来了,刚遇上我的便又微微的挪开一些,放在我的耳唇那一溜儿。

"什么事这么喜欢?"我用逗弄的口气"说"——实在不像是"问"。

"猜吧,"苓永远把两个字,特别是那半个"吧",说得像音乐作的两颗珠子,一大一小。

"谁猜得着你个小狗肚子里又憋什么坏!"我的笑容把那个"!"减去一切应有的分量。

"你个臭东东！打你去！"苓欢喜的时候，"东西"便是"东东"。

"不用打岔，告诉我！"

"偏不告诉你，偏不，偏不！"她还是笑着，可是笑的声儿，恐怕只有我听得出来，微微有点不自然了。

设若我不再往下问，大概三分钟后她总得给我些眼泪看看。设若一定问，也无须等三分钟眼泪便过度的降生。我还是不敢耽误工夫太大了，一分钟冷静的过去，全世界便变成个冰海。迅速定计，可是，真又不容易。爱的生活里有无数的小毛毛虫，每个小毛毛虫都足以使你哭不得笑不得。一天至少有那么几次。

"好宝贝，告诉我吧！"说得有点欠火力，我知道。

她笑着走向我来，手扶在我的藤椅背沿上。

"告诉你吧？"

"好爱人！"

"我妹妹待一会儿来。"

我的心从云中落在胸里。

"英来也值得这么乐，上星期六她还来过呢。还有别的典故，一定。"爱的笑语里时常有个小鬼，名字叫"疑"。

苓的脸，设若，又红起来，我的罪过便只限于爱闹着玩；她的脸上红色退了，我知道还是要阴天！

"你老不许人交朋友！"头一个闪。

"英还同着个人来？"我的雷也响了。

"不理你，不理你啦！"是的，被我猜对了。

一个旧日的男朋友——看爱的情面，我没敢多往这点上想。但是，就假使是个旧日的——爽快地说出来吧——爱人，又有什么关系？没关系，一点关系没有！可是，她那么快乐？天阴得更沉了。

苓又坐在她的小黑椅子上了。又依着发音机关的方便创造着自然的歌，可是并不带分毫歌意。

她和我全不说话了，都心里制造着黑云；雷闪暂时休息，可是大雨快到了。谁也不肯再先放个休战的口号，两个人的战事，因为关系不大，所以更难调解。家庭里需要个小孩，其次是只小狗或小猫；不然，就是一对天使，老在一块儿，也得设法拌几句嘴，好给爱的音乐一点变化。决定去抱只小猫，我计划着；满可以不再生气了，但是"我"不能先投降；好吧，计划着抱只小猫：要全身雪白，短腿，长身，两个小耳朵就像两个小棉花阄儿。这个小白球一定会减少我们俩的小冲突。一定！可是，焉知不因这小白宝贝又发生新战事呢？离婚似乎比抱小白猫还简当，但这是发疯，就是离婚也不能由我提出！君子吗？君子似乎是没多大价值；看不起自己了；还是不能先向她投降；心中要笑；还是设计抱小猫吧！

英来了，暂时屈尊她作作小白猫吧。无论多么好的小姨子，遇到夫妻的冲突，哪怕小的冲突呢，她总是站在她们那边的。特别是定了婚的小姨，像英，因为正恋着自己的天字第一号的男性，不由的便挑剔出姐丈的毛病，以便给她那个人又增补上一些优点。可是我自有办法，我才不当着她们俩争论是非呢；我把苓交给英，便出去走走；她们背地里怎样谈论我，听不见心不烦，爱说什么说什么。这样，英便是小白猫了。

英刚到屋门，我的帽子已在手中，我不能不庆祝我的手急眼快，就是想作个大魔术家也不是全无希望的。况且，脸上那一堆笑纹，倒好像英是发笑药似的。

"出门吗，共产党？"英对我——从她有了固定的情人以后——是一点不带敬意的。

"看个朋友去，坐着啊，晚上等我一块吃饭啊。"声音随着我的脚一同出了屋门，显着异常的缠绵幽默。

出了街门，我的速度减缩了许多，似乎又想回去了。为什么英独自来，而没同着那个人呢？是不是应当在街门外等等，看个水落石出？未免太小气了？焉知苓不是从门缝中窥看我呢？走吧，别闹笑话！偏偏看见个邮差，他的制服的颜色给我些酸感。

本来是不要去看朋友的；上哪儿去呢？走着瞧吧。街上不少女子，似乎今天街上没有什么男的。而且今天遇见的女子都非常的美艳，虽然没拿她们和苓比较，可是苓似乎在我心中已经没有很分明的一个丽像，像往常那样。由她们的美好便想到，我在她们的眼中到底是怎样的人物呢？由这个设想，心思的路线又折回到苓，她到底是佩服我呢，还是真爱我呢？佩服的爱是牺牲，无头脑的爱是真爱，苓的是哪种？借着百货店的玻璃照了照自己，也还看不出十分不得女子的心的地方。英老管我叫共产党，也许我的胡子茬太重，也许因为我太好辩论？可是苓在结婚以前说过，她"就"是爱听我说话。也许现在她的耳朵与从前不同了？说不定。

该回去了，隔着铺户的窗子看看里面的钟，然后拿出自己的表，这样似乎既占了点便宜，又可以多销磨半分来的时间；不过只走了半点多钟。不好就回家，这么短的时间不像去看朋友；君子人总得把谎话作圆到了。

对面来了个人，好像特别挑选了我来问路；我脸上必定有点特别引人注意的地方，似乎值得自傲。

"到万字巷去是往那么走？"他向前指着。

"一点也不错，"笑着，总得把脸上那点特别引人注意的地方作足。

"凑巧您也许知道万字巷里可有一家姓李的，姊妹俩？"

脸上那点刚作足的特点又打了很大的折扣！"是这小子！"心里说。然后向他："可就是，我也在那儿住家。姊妹俩，怪好看，摩登，男朋友很多？"

那小子的脸上似乎没了日光。"噢"了几声。我心里比吃酸辣汤还要痛快，手心上居然见了汗。

"您能不能替我给她们捎个信？"

"不费事，正顺手。"

"您大概常和她们见面？"

"岂敢，天天看见她们；好出风头，她们。"笑着我自己的那个"岂敢"。

"原先她们并不住在万字巷，记得我给她们一封信，写的不是万字巷，是什么街？"

"大佛寺街，谁都知道她们的历史，她们搬家都在报纸本地新闻栏里登三号字。"

"噢！"他这个"噢"有点像牛闭住了气。"那么，请您就给捎个口信吧，告诉她们我不再想见她们了——"

"正好！"我心里说。

"我不必告诉您我的姓名，您一提我的样子她们自会明白。谢谢！"

"好说！我一定把信带到！"我伸出手和他握了握。

那小子带着五百多斤的怒气向后转。我往家里走——不是走，是飞。

到了家中。胜利使我把嫉妒从心里铲净，只是快乐，乐得几乎错吻小姨。但是街上那一幕还在心中消化着，暂且闷她们一会儿。

"他怎还不来？"英低声问苓。

我假装没听见。心里说，"他不想再见你们！"

苓在屋中转开了磨，时时用眼偷着瞭我一下；我假装写信。

"你告诉他是这里，不是——"苓低声的问。

"是这里，"英似乎也很关切，"我怕他去见伯母，所以写信说咱俩都住在这里。也没告诉他你已结了婚。"

我心中笑得起了泡。

"你始终也没看见他？"

"你知道他最怕妇女，尤其是怕见结过婚的妇女。"我的耳朵似乎要惊。

"他一晃儿走了八年了，一听说他来我直欢喜得像个小鸟，"苓说。

我憋不住了，"谁？"

"我们舅舅家的大哥！由家里逃走八年了！他待一会儿也许就来，他来的时候你可得藏起去，他最不喜欢见亲戚！"

"为什么早不告诉我？"我的声音有点发颤。

"你不是看朋友去了吗？谁知道你这么快就回来。我要明明白白的告诉你，你光景是不会相信么；臭男人们，脏心眼多着呢！"

她们的表哥始终没来。

末 一 块 钱

一阵冷风把林乃久和一块现洋吹到萃云楼上。

楼上只有南面的大厅有灯亮。灯亮里有块白长布,写着点什么——林乃久知道写的是什么。其余的三面黑洞洞的,高,冷,可怕。大厅的玻璃上挂着冷汗,把灯光流成一条条的。厅里当然是很暖的,他知道。他不想进去,可是厅里的暖气和厅外的黑冷使他不能自主;暖气把他吸了进去,像南风吸着一只归燕似的。

厅里的烟和暖气噎得他要咳嗽。他没敢咳嗽,一溜歪斜的奔了头排去,他的熟座儿;茶房老给他留着。他坐下了,心中直跳,闹得慌,疲乏,闭上了眼。茶房泡过一壶茶来,放下两碟瓜子。"先生怎么老没来?有三天了吧?"林乃久似乎没听见什么,还闭着眼。头上见了汗,他清醒过来。眼前的一切还是往常的样子。台上的长桌,桌上的绣围子——团凤已搭拉下半边,老对着他的鼻子。墙上的大镜,还崎岖古怪的反映出人,物,灯。镜子上头的那些大红纸条:金翠,银翠,碧艳香……他都记得;史莲云,他不敢再看;但是他得往下看:史莲霞!他只剩了一块钱。这一块圆硬的银饼似乎有多少历史,都与她有关系。他不敢去想。他扭过头来看看后边,后边只有三五组人:那两组老头儿照例的在最后面摆围棋。其余的嗑着瓜子,喝着小壶闷的酽茶,谈笑着,出去小便，回来擦带花露水味的，有大量热气的手巾把儿。跟往日一样。"有风，人不多，"他想。可是，屋里的烟，热气，棋子声，谈笑声，和镜子里的灯，减少了冷落的味道。他回过头来，台上还没有人。他坐在这里好呢？还是走？他只有一块钱，最后的一块！他能等着史莲霞上来而不点曲子捧场么？他今天不是来听她。茶房已经过来了："先生，回来点个什么？"递了一把手巾。林乃久的嘴在手巾里哼了句："回头再说。"但是他再也坐不住。他想把那块钱给了茶房，就走。这块钱吸住了他的手，这末一块钱！他不能动了。浪漫，勇气，青春，生命，都被这块钱拿住，也被这块钱结束着。他坐着不动，渺茫，心里发冷。待会儿再走，反正是要走的。眼睛又碰上红纸条上的史莲霞！

他想着她：那么美，那么小，那么可怜！可怜；他并不爱她，可怜她的美，小，穷，与那——那什么？那容易到手的一块嫩肉！怜是需要报答的。但是一块钱是没法行善的。他还得走，马上走，叫史莲霞看见才没办法！上哪儿呢？世界上只剩了一块钱是他的，上哪儿呢？

假如有五块钱——不必多——他就可以在这儿舒舒服服的坐着；而且还可以随着莲霞姊妹到她们家里去喝一碗茶。只要五块钱，他就可以光明磊落的，大大方方的死。可是他只有一块；在死前连莲霞都不敢看一眼！残忍！

疲乏了，他知道他走了一天的道儿；哪儿都走到了，还是那一块钱。他就在这儿休息会儿吧；到底他还有一块钱。这一块钱能使他在这儿暖和两三点钟，他得利用这块钱；两三点钟以后，谁知道呢！

台上一个只仗着点"白面儿"①活着的老人来摆鼓架。走还是不走？林乃久问他自己。没地方去；他没动。不看台上，想着他自己；活了二十多年没这么关心自己过；今天他一刻儿也忘不了自己。他几乎要立起来，对镜子看看他自己；可是没这个勇气。他知道自己体面，和他哥哥比起来，哥儿俩差不多是两个民族的。哥哥；他的钱只剩了一块，因为哥哥不再给。哥哥一辈子不肯吃点肉，可怜的乡下佬！哥哥把钱都供给我上学。哥哥不错，可是哥哥有哥哥的短处：他看不清弟弟在大城里上学得交际，得穿衣，得敷衍朋友们。哥哥不懂这个。林乃久不是没有人心的，毕业后他会报答哥哥的，想起哥哥他时常感激；有时候想在毕业后也请哥哥到城里来听听史莲霞。可是哥哥到底是乡下佬，不懂场面！

哥哥不会没钱，是不明白我，不肯给我。林乃久开始恨他的哥哥。他不知道哥哥到底有多少财产，他也不爱打听；他只知道哥哥不肯往外拿钱。他不能不恨哥哥；由恨，他想到一种报复——他自己去死，把林家的希望灭绝：他老觉得自己是林家的希望；哥哥至好不过是个乡下佬。"我死了，也没有哥哥的好处！"他看明白自己的死是一种报复，一种牺牲；他非去死不可，要不然哥哥总以为他占了便宜。

只顾了这样想，台上已经唱起来。一个没有什么声音，而有不少乌牙的人，眼望着远处的灯，作着梦似的唱着些什么。没有人听他。林乃久可怜这个人，但是更可怜自己。他想给这个人叫个好，可是他的嘴张不开。假如手中有两块钱

---

① 白面儿，即海洛因。

的话，他会赏给这个乌牙鬼一块，结个死缘；可是他只有一块。他得死，给哥哥个报复，看林家还找得着他这样的人找不着！他，懂得什么叫世面，什么叫文化，什么叫教育，什么叫前途！让哥哥去把着那些钱，绝了林家的希望！

那个乌牙鬼已经下去了，换上个女角儿来。林乃久的心一动；要是走，马上就该走了，别等莲霞上来，莲霞可是永远压台；他舍不得这个地方，这个暖气，这条生命；离开这个地方只有死在冷风里等着他！他没动。他听不见台上唱的是什么。他可是看了那个弹弦子的一眼。一个生人，长得颇像他的哥哥。他的哥哥！他又想起来：来听听曲子，就连捧莲霞都算上，他是为省钱，为哥哥省钱；哥哥哪懂得这个。头一次是老何带他到萃云楼来的。老何是多么精明的人：永远躲着女同学，而闲着听听鼓书。交女友得多少钱？听书才花几个子儿？就说捧，点一个曲儿不是才一块钱吗？哥哥哪懂得这个？假如像王叔远那样，钓上女的就去开房间，甚至于叫女友有了大肚子，得多少钱？林乃久没干过这样的事。同学不是都拿老何与他当笑话说吗：他们不交女友，而去捧莲霞！为什么，不是为省钱么？他和老何一晚上一共才花两块多钱，一人点一个曲子。不懂事的哥哥！

可是在他的怒气底下，他有点惭愧。他不止点曲子，他还给莲霞买过鞋与丝袜子。同学们的嘲笑，他也没安然的受着，他确是为莲霞失眠过。莲霞——比起女学生来——确是落伍。她只有好看，只会唱；她的谈吐，她的打扮，都落在女学生的后边。她的领子还是碰着耳朵；女学生已早不穿元宝领了。"她可怜，"他常这么想，常拿这三个字作原谅自己的工具。可是他也知道他确是有点"迷"。这个"迷"是立在金钱上；有两块钱便多听她唱两个曲子，多看她二十分钟。有五块钱便可以到她家去玩一点钟。她贱！他不想娶她，他只要玩玩。她比女学生们好玩，她简单，美，知道洋钱的力量。为她，他实在没花过多少钱。可是间接的，他得承认，花的不少。他得打扮。他得请朋友来一同听她，——去跳舞不也是交际么，这并不比舞场费钱——他有时候也陪着老何去嫖。但这都算在一块儿，也没有王叔远给人家弄出大肚子来花的多。至于道德，林乃久是更道德的。不错，莲霞使他对于嫖感觉兴趣。可是多少交着女朋友的人们不去找更实用的女人去？那群假充文明的小鬼！

况且，老何是得罪不得的，老何有才有钱有势力；在求学时代交下个好友是必要的；有老何，林乃久将来是不愁没有事的。哥哥是个糊涂虫！

他本来是可以找老何借几块钱的，可是他不能，不肯；老何那样的人是慷慨的，可是自己的脸面不能在别人的慷慨中丢掉。况且，假如和老何去借，免不掉就说出哥哥的糊涂来，哥哥是乡下佬。不行，凭林乃久，哥哥是乡下佬？这无伤于哥哥，而自己怎么维持自己的尊严？林乃久死在城里也没什么，永远不能露出乡下气来。

台上换了金翠。他最讨厌金翠，一嘴假金牙，两唇厚得像两片鱼肚；眼睛看人带着钩儿。他不喜欢这个浪货；莲霞多么清俊，虽然也抹着红嘴唇，可是红得多么润！润吧不润吧，一块钱是跟那个红嘴不能发生关系的。他得走，能看着别人点她的曲子么？可是，除了宿舍没地方去。宿舍，像个监狱；一到九点就撤火。林乃久只剩了一条被子和身上那些衣裳。他不能穿着衣裳睡，也不能卖了大衣而添置被子；至死不能泄气。真的，在乡间他睡过土炕，穿过撅尾巴的短棉袄；但那是乡下。他想起同学们的阔绰来，越恨他的哥哥。同学们不也是由家里供给么？人家怎么穿得那么漂亮？是的，他自己的服装不算不漂亮，可是只在颜色与样子上，他没钱买真好的材料。这使他想起就脸红，乡下老穿假缎子！更伤心的是，这些日子就是匀得出钱也不敢去洗澡，贴身的绒衣满是窟窿！他的能力与天才只能使他维持着外衣，小衣裳是添不起的。他真需要些小衣裳，他冷。还不如压根儿就不上城里来。在乡下，和哥哥们一锅儿熬，熬一辈子，也好。自然那埋没了他的天才，可是少受多少罪呢。不，不，还是幸而到城里来了；死在城里也是值得的。他见过了世面，享受了一点，即使是不大一点。那多么可怕，假如一辈子没离开过家！土炕，短棉袄，棒子面的窝窝，没有一个女人有莲霞的一零儿的俊美。死也对不起阎王。现在死是光荣的。他心里舒服了点，金翠也下去了。

"莲霞唱个《游武庙》！"

林乃久几乎跳了起来。怎么莲霞这么早就上来？他往后扫了一眼。几个摆棋的老头儿已经停住，其中一个用小乌木烟袋向台上指呢。"啊，这群老家伙们也捧她！"林乃久咬着牙说。老不要脸！他恨，妒；他没钱，老梆子们有。她，不过是个玩物。

莲霞扭了出来。她扭得确是好。只那么几步，由台帘到鼓架。她低着点头，将将的还叫台下看得见她的红唇，微笑着。两手左右的找跨骨尖作摆动的限度，两跨摆得正好使上身一点不动，可是使旗袍的下边左右的摇摆。那对瘦溜的脚，穿着白缎子绣红牡丹的薄鞋，脚尖脚踵都似乎没着地，而使脚心揉了那么几步。到了鼓架，顺着低头的姿式一弯腰，长，慢，满带着感情的一鞠躬。头忽然抬起来，像晓风惊醒了的莲花，眼睛扫到了左右远近，右手提了提元宝领，紧跟着拿起鼓槌，轻轻的敲着。随便的敲着鼓，随便的用脚尖踢踢鼓架，随便的摇着板，随便的看着人们。

林乃久低下头去，怕遇上她的眼光。低着头把她的美在心里琢磨着。老何确是有见识，女学生是差点事的，他想。特别是那些由乡下来的女学生：大黑扁脸，大扁脚，穿着大红毛绳长坎肩！莲霞是城里的人，到底是城里的人！她只是穷，没有别的缺点；假如他有钱，或是哥哥的钱可以随便花……他知道她的模样：长头发齐肩，拢着个带珠花的大梳子。长脸，脑门和下巴尖得好玩，小鼻子有个圆尖；眼睛小，可是双眼皮，有神；嘴顶好看……他还要看看，又不敢看；假如他手里有五块钱！

莲霞的嗓音不大，可是吐字清楚，她的唇、牙、腮、手，眼睛都帮助她唱；她把全身都放在曲子里，她不许人们随便的谈笑，必得听着她。她个子不高，可是有些老到的结实的，像魔力的，一点精神。这点精神使她占领了这个大厅：那些光、烟、暖气，似乎都是她的。林乃久只有一块钱，什么也不是他的。

可是，她也没有什么，除了这份本事。林乃久记得她家里只有个母亲和点破烂东西。她和他一样，财产都穿在身上。想到这儿，他真要走了；他和她一样？先前没想到过。先前他可怜她，现在是同病相怜。与一个唱鼓书的同病相怜？他一向是不过火的自傲，现在他不能过火的自卑。况且她的姐姐——史莲云——原先下过窑子呢！自己的哥哥至多不过是个乡下佬,她的姐姐下过窑子。他不能再爱她;打算结婚的话,还得娶个女学生;莲霞只能当个妾。倒不是他一定拥护娶妾的制度,不是,可是……

"莲霞,再唱个《大西厢》!"

林乃久连头也没抬。往常他只点她一个曲子,倒不专为省钱,是可怜她的嗓子;别人时常连点好几个曲儿,他不去和人家争强好胜;一连气唱几个,他不那么残忍。他拿她当个人待,她不是留声机。今天,他冷淡,别人点曲子,他听着,他无须可怜她。她受累,可是多分钱呢;他只有一块钱。他读书不完全为自己,可是没人给他钱,是的,钱是一切;有钱可以点她一百个曲子,一气累死她,或者用一堆钱买了她,专为自己唱。没有什么人道不人道。假若他明天来了钱,他可以一气点她几个曲子。谁知道世界是怎么回事呢;钱是顶宝贝的东西,真的。明天打哪儿会来钱呢?

莲霞还笑着,可是唱得不那么带劲了。

他看了台上一眼,莲霞的眼恰恰的躲开他。故意的,他想。手中就是短几块钱!她的眼向后边扫,后边人点的曲子。林乃久的怒气按不住了:"好!"他喊了出来。喊了,他看着莲霞。她嘴角上微微有点笑,冷笑,眼角撩了他一下,给他一股冷气。"好!"他又喊了。莲霞的眼向后边笑着一扫。后边说了话:

"我花钱点她唱,没花钱点你叫好,我的老兄弟!"

大厅里满了笑声。

林乃久站起来:"什么?"

"我说,等我烦你叫好,你再叫;明白不明白?"后边笑着说。

林乃久看清，这是靠着窗子一个胖子说的。他没再说什么，抄起茶碗向窗户扔了去。花啦，玻璃和茶碗全碎了。他极快的回头看了莲霞一眼。她已经不唱了，嘴张着点。

"怎么着，打吗？"胖子立起来，往前奔。

大家全站起来。

"妈的有钱自己点曲呀，装他妈的孙子。"胖子被茶房拦住，骂得很起劲。

"太爷点曲子的时候，还他妈的没你呢！"林乃久可是真的往前奔。

"小子你拍出来，你他妈的要拍得出十块钱来，我姓你姥姥的姓！"

林乃久奔过去了。茶房，茶客，乱伸手，乱嚷嚷，把他拦住。他在一群手里，一团声音里，一片灯光里，不知道怎的被推了出来。外边黑，冷，有风。他哆嗦开了，也冷静了。

上哪儿去呢？他慢慢的下着楼。

走出去有半里地了，他什么也没想。霹雳过去了，晴了天，好像是。可是走着走着他想起刚才的事来，仿佛已隔了好久。他想回去，回到萃云楼下等莲霞出来；跟她说句话。最后的一句话似乎该跟她说，要对她说明他不是个光棍土匪，爱打架；他是为怜爱她才扔那个茶碗。可是这也含着点英雄气概：没有英雄气的人，至死也不会打架的。这个自然得叫莲霞表示出来，自己不便说自己怎么英雄。她看出这个来，然后，死也就甘心了。

可是他没往回走，他觉得冷。回宿舍去睡。想到宿舍更觉得有死的必要，凭林乃久就会只剩了一条被子？没有活着的味儿。好在还有一块钱,去买安眠药水吧。他摸了摸袋中,那块现洋没了。街上的铺子还开着,买安眠药水与死还都不迟,可是那块钱不在袋中了。想是打架的时候由袋里跳出去,惊乱中也没听到响儿。不能回去找,不能;要是张十块的票子还可以,一块现洋……自杀是太晚了,连买斤煤油的钱也没有了。他和一切没了关系,连死也算上。投河是可以不花钱;可是,生命难道就那么便宜?白白把自己扔在河里,连一个子儿都不值?

他得快走,风不大,可是钻骨头。快快的走,出了汗便不觉得冷了。他快走起来,心中痛快了些。听着自己的脚步声,蹬蹬的,他觉得他不该死。他是个有作为的人。应当设法过去这一关,熬到毕业他自然会报仇:哥哥、莲霞,那个胖子……都跑不了。他笑了。还加劲的走。笑完了,他更大方了,哥哥,莲霞,胖子都不算什么,自己得了志才不和他们计较呢。明天还是先跟老何匀几块钱,先打过这一关。

好像老何已经借给他了,他又想起萃云楼来。袋中有了钱,约上老何,照旧坐在前排,等那个胖子。老何是有势力的;打了那个胖子,而后一同到莲霞家中去;她必定会向他道歉,叫他林二爷,那个小嘴!就这么办。青春,什么是青春?假如没有这股子劲儿?

回到了宿舍,他几乎是很欢喜的。别的屋里已经有熄灯睡觉的了,这群没有生命的玩艺儿。他坐在了床上,看着自己的鞋尖,满是土。屋里冷。坐了会儿,他不由的倒在床上。渺茫,混乱,金钱,性欲,拘束,自由,野蛮与文化,残忍与漂亮,青春与老到,捻成了一股邪气,这股气送他进入梦中。

萃云楼的大厅已一点亮儿没有了,他轻手蹑脚的推开了门,在满盖着瓜子皮烟卷头的地上摸他那块洋钱……

可是萃云楼在事实上还有灯亮儿;客已散净;只仗着着点"白面儿"活着的那个人正在扫地。哗啷一声,他扫出一块现洋:"啊,还是有钱的人哪,打架都顺便往下掉现洋!"他拾起钱来,吹了吹,放在耳旁听听:"是真的!别再猫咬尿胞瞎喜欢!"放在袋中,一手扫地,一手按着那块钱。他打算着:还是买双鞋呢,还是……他决定多买四毛钱的"白面儿",犒劳犒劳自己。

老年的浪漫

自慰的话是苦的，外面包了层糖皮。刘兴仁不再说这种话。失败有的是因为自己没用，有的是外方的压迫；刘兴仁不是没用的人，他自己知道，所以用不着那种示弱的自慰。他得努力，和一切的事与一切的人硬干，不必客气。他的失败是受了外方的欺侮，他得报仇。他已经六十了，还得活着，至少还得活上几十年，叫社会看看他到底是个人物。社会对不起他，他也犯不上对得起社会；他只要对得起自己，对得起这一生。六十岁看明白了这个还不算晚。没有自慰；他对人人事事宣战。

在他做过的事情上，哪一件不是他的经营与设计？他有才，有眼睛。可是事情办得有了眉目，因着他的计划大家看出甜头来；好，大家把他牺牲了。六十以前，对这种牺牲，他还为自己开路儿，附带着也原谅了朋友："凡事是我打开道锣，我开的道，别人得了便宜，也好！"到了六十上，他不能再这么想。他不甘于躺在棺材里，抱着一团委屈与牺牲，他得为自己弄点油水。

哪件事他对不起人？惜了力？走在后头？手段不漂亮？没有！没有！对政治，哪一个有来头的政党，他不是首先加入？对社会事业，哪件有甜头的善事，不是他发起的？对人，哪个有出息的，他不先去拉拢？凭良心说，他永远没落在后头过；可是始终也没走到前边去。命！不，不是命；是自己太老实，太好说话，太容易欺侮了。到六十岁，他明白了，不辣到底，不狠到家，是不能成功的。

对家人，他也尽到了心。在四十岁上丧了妻，他不打算再娶；对得起死鬼，对得起活着的。他不能为自己的舒服而委屈了儿女。儿女！儿子是傻子；女儿——已经给她说好了人家，顶好的人家——会跟个穷画画的偷跑了！他不能再管她，叫她去受罪；他对得起她，她不要脸。儿子，无论怎么傻，得养着，也必定给娶个媳妇；凡是他该办的，他都得办。谁叫他有个傻儿子呢！

天非常的冷，一夜的北风把屋里的水缸都盖上层冰。刘兴仁得早早的起。一出被窝，一阵凉风把一身老骨头吹得揪成一团。他咳嗽了一阵。还得起！风是故意的欺侮他，他不怕。他一边咳嗽，一边咒骂，一边穿衣服。

下了地，火炉还没有升上；张妈大概还没有起来。他是太好说话了，连个老妈子都纵容得没有个样子，他得骂她一顿，和平是讲不通的。

他到院中走走溜儿①。风势已杀了点，尖溜溜的可是刺骨。太阳还没出来，东方有些冷淡的红色。天上的蓝色含着夜里吹来的黄沙，使他觉得无聊，惨淡。他喊张妈。她已经起来，在厨房里熬粥呢。他没骂出来，可是又干又倔的要洗脸水。南屋里。他的傻儿子还睡呢，他在窗外听了听，更使他茫然。他不信什么天理报应，不信；设若老天有知，怎能叫他有个傻儿子？比他愚蠢的人多极了，他的儿子倒是个傻

---

① 走走溜儿，心中有事，来回走动。

子；没理可讲！他只能依着自己的道儿办。儿子傻也得娶个媳妇；老天既跟他过不去，他也得跟别人过不去。他有个傻小子，反正得有个姑娘来位傻丈夫；这无法，而且并非不公道。

洗了脸，他对着镜子发愣。他确是不难看，虽然是上了岁数。他想起少年的事来。二十，三十，四十，五十，他总是体面的。现在六十了，还不难看。瘦瘦的长脸，长黑胡子，高鼻梁，眼睛有神。凭这样体面一张脸，断了弦都不想续，不用说走别的花道儿了。窑子是逛的，只为是陪朋友；对别的妇女是敬而远之，不能为娘们耽误了自己的事；可是自己的事在哪里呢？为别人说过媒，买过人儿，总是为别人，可是自己没占了便宜，连应得的好处也得不到。自己是干什么的呢？

张妈拿来早饭，他拚命地吃。往常他是只喝一碗粥，和一个烧饼的。今天他吃了双份，而且叫她去煮两个鸡子。他得吃，得充实自己；东西吃在自己肚里才不冤。吃过饭，用湿手巾擦顺了胡子，他预备出去。风又大起来，不怕；奔走了一辈子，还怕风么？他盘算这一天该办的事，不，该打的仗。他不能再把自己作好的饭叫别人端了去，拚着这一身老骨头跟他们干！

他得先到赈灾会去。他是发起人，为什么钱、米、衣服，都是费子春拿着，而且独用着会里的汽车？先和费子春干一通，不能再那么傻。赈了多少回灾了，自己可剩下了什么？这回他不能再让！他穿起水獭领子的大衣，长到脚面，戴上三块瓦的皮帽，提起手杖，他知道他自己体面；在世上六十年，不记得自己寒碜过一回。他不老，他的前途还远得很呢;只要他狠,辣,他总会有对得起自己的一天。

太阳已经出来,一些薄软的阳光似乎在风中哆嗦。刘兴仁推开了门。他不觉得很冷,肚子里有食,身上衣厚,心中冒着热气。他无须感谢上天,他的饱暖是自己卖力气挣来的;假如他能把费子春打倒,登时他便能更舒服好多。他高兴,先和北风反抗,而后打倒费子春。他看见了他的儿子,在南屋门口立着呢,披着床被子。他的儿子不难看,有他的个儿,他的长脸,他的高鼻子,就是缺心眼。他疼爱这个傻小子。女儿虽然聪明,可是偷着跟个穷画画儿的跑了,还不如缺心眼的儿子。况且爸爸有本事,儿子傻一点也没多大关系,虽然不缺心眼自然更好。

"进去,冻着!"他命令着,声音硬,可是一心的爱意。

"爸,"傻小子的热脸红扑扑的;两眼挺亮,可是直着;委委屈屈地叫。"你几儿个①给我娶媳妇呀?说了不算哪?看我不揍你的!"

"什么话!进去!"刘老头子用手杖叱画着,往屋里赶傻小子。他心中软了!只有这么一个儿子!虽然傻一点,安知不比油滑鬼儿更保险呢?他几乎忘了他是要出门,呆呆的看着傻小子的后影——背上披着红蓝条儿的被子。傻小子忘了关屋门,他赶过去,轻轻把门对上。

出了街门,又想起费子春来。不仅是去找费子春,今天还得到市参议会去呢。把他们捧上了台,没老刘的事,行!老刘给他们一手瞧瞧!还有商会的孙老西儿呢,饶不了他。老刘不再那么好说话。不过,给儿子张罗媳妇也得办着;找

---

① 几儿个,什么时候。

完孙老西儿就找冯二去。想着这些事，他已出了胡同口。街上的北风吹断了他的思路。马路旁的柳树几乎被吹得对头弯，空中飕飕的吹着哨子，电线颤动着扔扔的响。他得向北走，把头低下去，用力拄着手杖，往北曳。他的高鼻子插入风中，不大会儿流出清水，往胡子上滴。他上边缓不过气来，下边大衣裹着他的腿。他不肯回头喘口气，不能服软；喉中噎得直响。他往前走，头向左偏一会儿，又向右偏一会儿，好像是在游泳。他走。老背上出了汗。街上没有几辆车；问他，他也不雇；知道这样的天气会被车夫敲一下的。他不肯被敲。有能力把费子春的汽车弄过来，那是本事。在没弄过汽车来的时候，不能先受洋车夫的敲。他走。他的手已有些发颤，还走。他是有过包车的；车夫欺侮他，他不能花着钱找气受。下等人没一个懂得好歹，没有。他走。谁的气也不受。可是风野得厉害，他已喘上了。想找个地方避一避。路旁有小茶馆，但是他不能进去，他不能和下等人一块挤着去。他走。不远就该进胡同了，风当然可以小一些，风不会永远挡着他的去路的。他拿出最后的力量，手杖敲在冻地上，哪哪儿的响；可是风也顶得他更加了劲，他的腿在大衣里裹得找不着地方，步儿乱了，他不由的要打转。他的心中发热，眼中起了金花。他拄住了手杖，不敢再动；可是用力的镇定，渺渺茫茫的他把生命最后的勇气唤出来，好像母亲对受了惊的小儿那样说："不怕！不怕！"他知道他的心力是足的；站住不动，一会儿就会好的。听着耳旁的风声，闭着眼，糊涂了一会儿；可是心里还知道事儿，任凭风从身上过去，他就是不撒手手杖。像风前的烛光，将要被吹灭而又亮起来，他心中一迷忽，浑身下了汗，紧跟着清醒了。他又确定的抓住了生命，可不敢马上就睁眼。脸上满是汗，被风一吹，他颤起来。他软了许多，无可奈何的睁开了眼，一切都随着风摇动呢。他本能的转过身来，倚住了墙；背着风，他长叹了口气。

还找费子春去吗？他没精神想，可又不能不打定了主意，不能老在墙根儿下站着——蹲一蹲才舒服。他得去，不能输给这点北风。后悔没坐个车来，但后悔是没用的。他相信他精力很足，从四十上就独身，修道的人也不过如是。腿可是没了力量。去不去呢？就这样饶了费子春么？又是一阵狂风，掀他的脚跟，推他的脖子，好像连他带那条街都要卷了走。他飘轻的没想走而走了几步，迷迷忽忽的，随着沙土向前去，仿佛他自己也不过是片鸡毛；风一点也不尊重他。走开了，不用他费力，胡子和他一齐随着风往南飘飘。找费子春是向北去。可是他收不住脚，往南就往南吧；不是他软弱，是费子春运气好，简直没法不信运气，多少多少事情是这么着，一阵风，一阵雨，都能使这个人登天，那个人入地。刘兴仁长叹了一口气，谁都欺侮他，连风算上。

又回到自己的胡同口，他没思索的进了胡同。胡同里的风好像只是大江的小支流，没有多大的浪。顺着墙走，简直觉不到什么，而且似乎暖和了许多。他的胡子不在面前引路了，大衣也宽松了，他可以自由的端端肩膀，自由的呼吸了。他又活了，到底风没治服了他。他放慢了步，想回家喝杯茶去。不，他还得走。假如风帮助费子春成功，他不能也饶了冯二。到了门口，不进去，傻儿子作什么呢？不进去。去找冯二。午后风小了——假如能小了——再找费子春；先解决冯二。

走过自己的门口。是有点累得慌,他把背弯下去一点,稍微弯下去一点,拄着手杖,慢慢的,不忙,征服冯二是不要费多大力气的。

想起冯二,立刻又放下冯二,而想起冯二的女儿。冯二不算什么东西。冯二只是铺子的一块匾,货物是在铺子里面呢。冯姑娘是货物。可是事情并不这样简单,他的背更低了些。每一想起冯姑娘,他就心里发软,就想起他年轻时候的事来,不由的。他不愿这么想,这么想使他为难,可是不由的就这么想了。他是为儿子说亲事,而想到了自己,怎好意思呢?这个丫头也不是东西,叫他这么别扭!谁都欺侮他,这个冯丫头也不是例外,她叫他别扭。

往南一拐就是冯二的住处,随着风一飘就到了,仿佛是。冯二在家呢。刘兴仁不由的挂了气。凭冯二这块料,会舒舒服服的在家里蹲着,而他自己倒差点被风刮碎了!冯二的小屋非常的暖和,使老刘的脸上刺闹的慌,心里暴躁。冯二安安静静的抱着炉子烤手,可恶的东西。

"刘大哥,这么大风还出来?"冯二笑着问。

"命苦吗,该受罪!"刘兴仁对冯二这种人是向来不留情的。

"得了吧,大哥的命还苦;看我,连件整衣裳都没有!"冯二扯了扯了自己的衣襟,一件小棉袄,好几处露着棉花。

刘兴仁没工夫去看那件破棉袄,更没工夫去同情冯二。冯二是他最看不起的人,该着他的钱,不要强,大风的天在屋里烤手,不想点事情作!他脱了大衣,坐在离火最远的一把破椅子上,他不冷;冯二是越活越抽抽①。

冯二,五十多岁,瘦,和善,穷,细长的白手被火烤得似乎透明。

刘老头子越看冯二越生气。为减少他的怒气,他问了声:"姑娘呢?"

"上街了,去当点当;没有米了。"冯二的眼钉着自己的手。

"这么冷的天,你自己不会去,单叫她去?"刘老头子简直没法子不和冯二拌嘴,虽然不屑于和他这样。

"姑娘还有件长袍,她自己愿意去,她怕我出去受不了;老是这么孝顺,她。"冯二慢慢的说,每个字都带着怜爱女儿的意思。

这几句话的味儿使刘兴仁找不到合适的回答。驳这几句话的话是很多很多;可是这点味儿,这点味儿使他心里的硬劲忽然软了一些,好像忽然闻到一股花香,给心里的感情另开了一条道儿,要放下怒气而追那股香味去。

可是紧跟着他又硬起来。他想出来了:他自己对家中的傻小子便常有这种味儿,对。可是亲族朋友,连傻小子,对"他"可曾有过这种味儿没有呢?没有!谁都欺侮他!冯二倒有个姑娘替他去作事,孝顺,凭什么呢?凭哪点呢?

他也想到:冯二是个无能之辈。可是怎会有个孝顺女儿的呢?噢!冯二并不老实,冯二是有手段的,至少是有治服了女儿的手段!连冯二这无用的人也有相当的本事,会治服了女儿。刘兴仁想到这里,几乎坐不住了。他一辈子没把任

---

① 越活越抽抽,生活越过越穷。

何人治服。自己的女儿跟个穷画画的跑了,儿子是个傻子。费子春,孙老西儿……都欺侮他,而他没把任何人拿下去。冯二倒在家中烤着手,有姑娘给他去当当!连冯二都不如,怎么活来着?他得收拾冯二。拿冯二开刀,证明他也能治服了人。

冯二烤着手,连大气也不敢出,他一辈子没得罪过人,没说过错话。和善使他软弱,使他没有抵抗的力量。穿着飞棉花的短袄,他还怕得罪人。他爱他的女儿,也怕她。设若不是怕她,他决不肯叫她在这么冷的天出去。"怕"使"爱"有了边界,要不然他简直可以成佛成仙了。他可怜刘兴仁,可是不敢这么说,虽然他俩是老朋友,他怕。他不敢言语。

两个人正在这么一声不出,门儿开了,进来一股冷风,他们都哆嗦了一下。冯姑娘进来。

"快烤烤来!"冯二看着女儿的脸叫。

女儿没注意父亲说了什么,去招呼客人:"刘伯伯?这么冷还出来哪?身体可真是硬朗!"

刘兴仁没答出话来。不晓得为什么,他一见冯姑娘,心中就发乱。他看着她。她的脸冻得通红,鼻洼挂着些土,青棉袍的褶儿里也有些黄沙。她的个儿不高,圆脸,大眼睛,头发多得盖上了耳朵。全身都圆圆的,有力气,活泼。手指冻得鲜红,腋下夹着个小蓝布包。她不甚好看,不甚干净,可是有一种活力叫刘老头子心乱。她简单,灵便,说话好听。她把蓝布包放在爸的身旁,立在炉前烤手,烤一烤,往耳上鼻上捂一捂:"真冷!我不叫你出去,好不好?"她笑着问爸——不像是问爸,像问小孩呢。

冯二点了点头。

"沏茶了没有?"姑娘问,看了客人一眼。

"没有茶叶吧?"爸的手离火更近了些。

"可说呢,忘了买。刘伯伯喝碗开水吧?"她脸对脸的问客人。

刘兴仁爱这对大眼睛,可又有点怕。他摇了摇头。他心中乱。父女这种说话法,屋里那种暖和劲儿,这种诚爽亲爱,使他木在那里。他羡慕,忌恨冯二。有这个女儿,他简直治服不了冯二,除非先把这个女儿擒住。怎么擒她呢?叫她作儿媳妇呢?还是作……他的傻儿子闹着要老婆,不是一天了。只有冯姑娘合适。她身体好,她的爸在姓刘的手心里攥着。娶了她,一定会生个孙子;儿子傻,孙子可未必傻,刘家有了根。可是,一见冯姑娘,他不知怎的多了一点生力,使他想起年轻的事儿来。他要对得起儿子,可是他相信还会得个——或者不止一个——小儿子,不傻的儿子。他自己不老,必能再得儿子。他自己要是娶了她,他自己的屋中也会有旺旺的火,也会这样暖和,也会这样彼此亲爱的谈话。他恨张妈,张妈生的火没有暖气。要她当儿媳妇,或是自己要了她,都没困难。只是,自己爱那个傻小子,肯……他心中发乱。

可是,他受了一辈子欺侮,难道还得受傻儿子的气么?冯二可以治服了女儿,姓刘的就不能治服了个傻小子么?他想起许多心事,没有一件痛快的。他一辈子没抖起来过,虽然也弄个不缺吃不缺穿。衣食不就是享受,他六十了,应当赶紧打主意,叫生命多些油水;不,还不是油水,他得有个知心的,肉挨肉的,一切都服从他的,一点什么东西;也许就是个女人,像冯姑娘这样的。他还不老,打倒费子春们是必要的，可是也应当在家里，在床上，把生命充实起来。他还不老，他觉得出他的血脉流动得很快，能听到声儿似的，像雨后的高粱拔节儿，吱吱的响。傻小子可以等着。傻小子大不过去爸爸。爸应当先顾自己。一辈子没走在别人前面，虽然是费尽了心机；难道还叫傻小子再占去这点便宜么？他看着冯姑娘，红红的脸，大眼睛，黑亮的头发，是块肉！凭什么自己不可以吃一口呢？为冯姑娘打算也是有便宜的：自己有俩钱，虽然不多；一过门，她便是有吃有喝的太太，假如他先死，假如，她的后半辈子有了落儿①。是的，他办事不能只为自己想，他公道。冯姑娘的福气不小，胖胖大大的，有福气——刘兴仁给他的。

姑娘进了里屋。他得说了，就是这么办了。他的血流到脸上来，自己觉出腮上有点发烧，他倒退了二三十年。怎么想怎么对，怎么使自己年轻。血是年轻的，而计划是老人的，他知道自己厉害。只要说出来，事情就算行了，冯二还有什么蹦儿么？这件小事还办不动，还成个人么？

可是他没说出来。愣着是没关系的：反正他不发言，冯二可以一辈子不出声的。那个傻儿子甩不开，他恨那个傻小子了。怎么安置这块痴累呢？傻小子要媳妇，自己娶，叫傻哥儿瞧着？大概不行。跟他讲理是没用的，他傻。嘿，刘兴仁咬住几根胡子。上天，假如有这么个上天，会欺侮人到底！给刘兴仁预备下一群精明的对头也还罢了；他的对头并不比他聪明；临完还来个无法处置的傻小子！嘿！聪明的会欺侮人，傻蛋也会欺侮人，都叫刘兴仁遇见了！他谁也不

---

① 有了落儿，有了着落，生活有了保障。

怕；谁也得怕，连傻儿子在内！

"刘伯伯，"姑娘觉得爸招待客人方法太僵得慌，在屋里叫："吃点什么呀？我会作，说吧。"

"我还得找费子春去呢，跟他没完！"刘兴仁立起来。

"这么大的风？"

"我不怕！不怕！"刘老头子拿起大衣。

冯二没主意，手还在火上，立起来。送客出去会叫他着凉，不送又不好意思。

"爸，别动，我送刘伯伯！"姑娘已在屋里把脸上的土擦去，更光润了些。

"不用送！"看了她一眼，刘老头子喊了这么一句。

冯姑娘赶出来。刘兴仁几乎是跑着往外奔。姑娘的腿快，赶上了他：

"刘伯伯慢着点，风大！回家问傻兄弟好！"

一阵冷风把刘老头子——一片鸡毛似的——裹了走。

老　字　号

钱掌柜走后，辛德治——三合祥的大徒弟，现在很拿点事——好几天没正经吃饭。钱掌柜是绸缎行公认的老手，正如三合祥是公认的老字号。辛德治是钱掌柜手下教练出来的人。可是他并不专因私人的感情而这样难过，也不是自己有什么野心。他说不上来为什么这样怕，好像钱掌柜带走了一些永难恢复的东西。

周掌柜到任。辛德治明白了，他的恐怖不是虚的；"难过"几乎要改成咒骂了。周掌柜是个"野鸡"，三合祥——多少年的老字号！——要满街拉客了！辛德治的嘴撇得像个煮破了的饺子。老手，老字号，老规矩——都随着钱掌柜的走了，或者永远不再回来。钱掌柜，那样正直，那样规矩，把买卖作赔了。东家不管别的，只求年底下多分红。

多少年了，三合祥是永远那么官样大气：金匾黑字，绿装修，黑柜蓝布围子，大机凳①包着蓝呢子套，茶几上永远放着鲜花。多少年了，三合祥除了在灯节才挂上四只官灯，垂着大红穗子，没有任何不合规矩的胡闹八光。多少年了，三合祥没打过价钱，抹过零儿，或是贴张广告，或者减价半月；三合祥卖的是字号。多少年了，柜上没有吸烟卷的，没

---

① 大机凳，大的方凳。

有大声说话的；有点响声只是老掌柜的咕噜水烟与咳嗽。

这些，还有许许多多可宝贵的老气度，老规矩，由周掌柜一进门，辛德治看出来，全要完！周掌柜的眼睛就不规矩，他不低着眼皮，而是满世界扫，好像找贼呢。人家钱掌柜，老坐在大杌凳上合着眼，可是哪个伙计出错了口气，他也晓得。

果然，周掌柜——来了还没有两天——要把三合祥改成蹦蹦戏①的棚子：门前扎起血丝胡拉的一座彩牌，"大减价"每个字有五尺见方，两盏煤气灯，把人们照得脸上发绿。这还不够，门口一档子洋鼓洋号，从天亮吹到三更；四个徒弟，都戴上红帽子，在门口，在马路上，见人就给传单。这还不够，他派定两个徒弟专管给客人送烟递茶，哪怕是买半尺白布，也往后柜让，也递香烟：大兵，清道夫，女招待，都烧着烟卷，把屋里烧得像个佛堂。这还不够，买一尺还饶上一尺，还赠送洋娃娃，伙计们还要和客人随便说笑；客人要买的，假如柜上没有，不告诉人家没有，而拿出别种东西硬叫人家看；买过十元钱的东西，还打发徒弟送了去，柜上买了两辆一走三歪的自行车！

辛德治要找个地方哭一大场去！在柜上十五六年了，没想到过——更不用说见过了——三合祥会落到这步天地！怎么见人呢？合街上有谁不敬重三合祥的？伙计们晚上出来，提着三合祥的大灯笼，连巡警们都另眼看待。那年兵变，三合祥虽然也被抢一空，可是没像左右的铺户那样连门板和"言无二价"的牌子都被摘了走——三合祥的金匾有种尊严！

---

① 蹦蹦戏，北京以前对评剧的称呼。

他到城里已经二十来年了，其中的十五六年是在三合祥，三合祥是他第二家庭，他的说话、咳嗽与蓝布大衫的样式，全是三合祥给他的。他因三合祥、也为三合祥而骄傲。他给铺子去索债，都被人请进去喝碗茶；三合祥虽是个买卖，可是和照顾主儿们似乎是朋友。钱掌柜是常给照顾主儿行红白人情的。三合祥是"君子之风"的买卖：门凳上常坐着附近最体面的人；遇到街上有热闹的时候，照顾主儿的女眷们到这里向老掌柜借个座儿。这个光荣的历史，是长在辛德治的心里的。可是现在？

辛德治也并不是不晓得，年头是变了。拿三合祥的左右铺户说，多少家已经把老规矩舍弃，而那些新开的更是提不得的，因为根本就没有过规矩。他知道这个。可是因此他更爱三合祥，更替它骄傲。假如三合祥也下了桥，世界就没了！哼，现在三合祥和别人家一样了，假如不是更坏！

他最恨的是对门那家正香村：掌柜的踏拉着鞋，叼着烟卷，镶着金门牙。老板娘背着抱着，好像兜儿里还带着，几个男女小孩，成天出来进去，进去出来，唧唧喳喳，不知喊些什么。老板和老板娘吵架也在柜上，打孩子，给孩子吃奶，也在柜上。摸不清他们是作买卖呢，还是干什么玩呢，只有老板娘的胸口老在柜前陈列着是件无可疑的事儿。那群伙计，不知是从哪儿找来的，全穿着破鞋，可是衣服多半是绸缎的。有的贴着太阳膏，有的头发梳得像漆杓，有的戴着金丝眼镜。再说那份儿厌气：一年到头老是大减价，老悬着煤气灯，老转动着留声机。买过两元钱的东西，老板便亲自让客人吃块酥糖；不吃，他能往人家嘴里送！什么东西也没有一定的价钱，洋钱也没有一定的行市。辛德治永远不正眼看"正香村"那三个字,也永不到那边买点东西。他想不到世上会有这样的买卖,而且和三合祥正对门!

更奇怪的,正香村发财,而三合祥一天比一天衰微。他不明白这是什么道理。难道买卖必定得不按着规矩作才行吗?果然如此,何必学徒呢?是个人就可以做生意了!不能是这样,不能;三合祥到底是不会那样的!谁知道竟自来了个周掌柜,三合祥的与正香村的煤气灯把街道照青了一大截,它们是一对儿!三合祥与正香村成了一对?!这莫非是做梦么?不是梦,辛德治也得按着周掌柜的办法走。他得和客人瞎扯,他得让人吸烟,他得把人诓到后柜,他得拿着假货当真货卖,他得等客人争竞才多放二寸,他得用手术量布——手指一捻就抽回来一块!他不能受这个!

可是多数的伙计似乎愿意这么作。有个女客进来,他们恨不能把她围上,恨不能把全铺子的东西都搬来给她瞧,等她买完——哪怕是买了二尺捎布——他们恨不能把她送回家去。周掌柜喜爱这个,他愿意伙计们折跟头、打把式,更好是能在空中飞。

周掌柜和正香村的老板成了好朋友。有时候还凑上天成的人们打打"麻将"。天成也是本街上的绸缎店,开张也有四五年了,可是钱掌柜就始终没招呼过他们。天成故意和三合祥打对仗,并且吹出风来,非把三合祥顶趴下不可。钱掌柜一声也不出,只偶尔说一句:咱们做的是字号。天成一年倒有三百六十五天是纪念日,大减价。现在天成的人们也过来打牌了。辛德治不能管理他们。他有点空闲,便坐在柜里发愣,面对着货架子——原先架上的布匹都用白布包着,现在用整幅的通天扯地的作装饰,看着都眼晕,那么花红柳绿的！三合祥已经完了，他心里说。

但是，过了一节，他不能不佩服周掌柜了。节下报账，虽然没赚什么，可是没赔。周掌柜笑着给大家解释："你们得记住，这是我的头一节呀！我还有好些没施展出来的本事呢。还有一层，扎牌楼，赁煤气灯……哪个不花钱呢？所以呀！"他到说上劲来的时节总这么"所以呀"一下。"日后无须扎牌楼了，咱会用更新的，更省钱的办法，那可就有了赚头，所以呀！"辛德治看出来，钱掌柜是回不来了；世界的确是变了。周掌柜和天成、正香村的人们说得来，他们都是发财的。

过了节，检查日货嚷嚷动了。周掌柜疯了似的上东洋货。检查队已经出动，周掌柜把东洋货全摆在大面上，而且下了命令："进来买主，先拿日本布；别处不敢卖，咱们正好做一批生意。看见乡下人，明说这是东洋布，他们认这个；对城里的人，说德国货。"

检查队到了。周掌柜脸上要笑出几个蝴蝶儿来，让吸烟，让喝茶。"三合祥，冲这三个字，不是卖东洋货的地方，所以呀！诸位看吧！门口那些有德国布，也有土布；内柜都是国货绸缎，小号在南方有联号，自办自运。"

大家疑心那些花布。周掌柜笑了："张福来，把后边剩下的那匹东洋布拿来。"

布拿来了。他扯住检查队的队长："先生，不屈心，只剩下这么一匹东洋布，跟先生穿的这件大衫一样的材料，所以呀！"他回过头来，"福来，把这匹料子扔到街上去！"

队长看着自己的大衫，头也没抬，便走出去了。

这批随时可以变成德国货、国货、英国货的日本布赚了一大笔钱。有识货的人，当着周掌柜的面，把布扔在地上，周掌柜会笑着命令徒弟："拿真正西洋货去，难道就看不出先生是懂眼的人吗？"然后对买主："什么人要什么货，白给你这个，你也不要，所以呀！"于是又做了一号买卖。客人临走，好像怪舍不得周掌柜。辛德治看透了，做买卖打算要赚钱的话，得会变戏法、说相声。周掌柜是个人物。可是辛德治不想再在这儿干，他越佩服周掌柜，心里越难过。他的饭由脊梁骨下去。打算睡得安稳一些，他得离开这样的三合祥。

可是，没等到他在别处找好位置，周掌柜上天成领东去了。天成需要这样的人，而周掌柜也愿意去，因为三合祥的老规矩太深了，仿佛是长了根，他不能充分施展他的才能。

辛德治送出周掌柜去，好像是送走了一块心病。

对于东家们，辛德治以十五六年老伙计的资格，是可以说几句话的，虽然不一定发生什么效力。他知道哪些位东家是更老派一些，他知道怎样打动他们。他去给钱掌柜运动，也托出钱掌柜的老朋友们来帮忙。他不说钱掌柜的一切都好，而是说钱与周二位各有所长，应当折中一下，不能死守旧法，也别改变的太过火。老字号是值得保存的，新办法也得学着用。字号与利益两顾着——他知道这必能打动了东家们。

他心里，可是，另有个主意。钱掌柜回来，一切就都回来，三合祥必定是"老"三合祥，要不然便什么也不是。他想好了：减去煤气灯、洋鼓洋号、广告、传单、烟卷；至必不得已的时候，还可以减人，大概可以省去一大笔开销。况且，不出声而贱卖，尺大而货物地道。难道人们就都是傻子吗?

钱掌柜果然回来了。街上只剩了正香村的煤气灯,三合祥恢复了昔日的肃静,虽然因为欢迎钱掌柜而悬挂上那四个宫灯,垂着大红穗子。

三合祥挂上宫灯那天,天成号门口放了两只骆驼,骆驼身上披满了各色的缎条,驼峰上安着一明一灭的五彩电灯。骆驼的左右辟了抓彩部,一人一毛钱,凑足了十个人就开彩,一毛钱有得一匹摩登绸的希望。天成门外成了庙会,挤不动的人。真有笑嘻嘻夹走一匹摩登绸的嘛!

三合祥的门凳上又罩上蓝呢套,钱掌柜眼皮也不抬,在那里坐着。伙计们安静地坐在柜里,有的轻轻拨弄算盘珠儿,有的徐缓地打着哈欠,辛德治口里不说什么,心中可是着急。半天儿能不进来一个买主。偶尔有人在外边打一眼,似乎是要进来,可是看看金匾,往天成那边走去。有时候已经进来,看了货,因不打价钱,又空手走了。只有几位老主顾,时常来买点东西;可也有时候只和钱掌柜说会儿话,慨叹着年月这样穷,喝两碗茶就走,什么也不买。辛德治喜欢听他们说话,这使他想起昔年的光景,可是他也晓得,昔年的光景,大概不会回来了;这条街只有天成"是"个买卖!

过了一节,三合祥非减人不可了。辛德治含着泪和钱掌柜说:"我一人干五个人的活,咱们不怕!"老掌柜也说:"咱们不怕!"辛德治那晚睡得非常香甜,准备次日干五个人的活。

可是过了一年,三合祥倒给天成了。

断 魂 枪

沙子龙的镳局已改成客栈。

东方的大梦没法子不醒了。炮声压下去马来与印度野林中的虎啸。半醒的人们,揉着眼,祷告着祖先与神灵;不大会儿,失去了国土、自由与主权。门外立着不同面色的人,枪口还热着。他们的长矛毒弩,花蛇斑彩的厚盾,都有什么用呢;连祖先与祖先所信的神明全不灵了啊!龙旗的中国也不再神秘,有了火车呀,穿坟过墓破坏着风水。枣红色多穗的镳旗,绿鲨皮鞘的钢刀,响着串铃的口马①,江湖上的智慧与黑话,义气与声名,连沙子龙,他的武艺、事业,都梦似的变成昨夜的。今天是火车、快枪,通商与恐怖。听说,有人还要杀下皇帝的头呢!

这是走镳已没有饭吃,而国术还没被革命党与教育家提倡起来的时候。

谁不晓得沙子龙是短瘦、利落、硬棒,两眼明得像霜夜的大星?可是,现在他身上放了肉。镳局改了客栈,他自己在后小院占着三间北房,大枪立在墙角,院子里有几只楼鸽。只是在夜间,他把小院的门关好,熟习熟习他的"五虎断魂枪"。这条枪与这套枪,二十年的工夫,在西北一带,

---

① 口马,指张家口外的马匹。

给他创出来:"神枪沙子龙"五个字,没遇见过敌手。现在,这条枪与这套枪不会再替他增光显胜了;只是摸摸这凉、滑、硬而发颤的杆子,使他心中少难过一些而已。只有在夜间独自拿起枪来,才能相信自己还是"神枪沙"。在白天,他不大谈武艺与往事;他的世界已被狂风吹了走。

在他手下创练起来的少年们还时常来找他。他们大多数是没落子的,都有点武艺,可是没地方去用。有的在庙会上去卖艺:踢两趟腿,练套家伙,翻几个跟头,附带着卖点大力丸,混个三吊两吊的。有的实在闲不起了,去弄筐果子,或挑些毛豆角,赶早儿在街上论斤吆喝出去。那时候,米贱肉贱,肯卖膀子力气本来可以混个肚儿圆;他们可是不成:肚量既大,而且得吃口管事儿的①;干饽饽辣饼子②咽不下去。况且他们还时常去走会:五虎棍,开路,太狮少狮……虽然算不了什么——比起走镖来——可是到底有个机会活动活动,露露脸。是的,走会捧场是买脸的事,他们打扮的得像个样儿,至少得有条青洋绉裤子,新漂白细布的小褂,和一双鱼鳞洒鞋——顶好是青缎子抓地虎靴子。他们是神枪沙子龙的徒弟——虽然沙子龙并不承认——得到处露脸,走会得赔上俩钱,说不定还得打场架。没钱,上沙老师那里去求。沙老师不含糊,多少不拘,不让他们空着手儿走。可是,为打架或献技去讨教一个招数,或是请给说个"对子"——什么空手夺刀,或虎头钩进枪——沙老师有时说句笑话,马虎过去:"教什么? 拿开水浇吧!"有时直接把他们

---

① 管事儿的,有营养,吃了不至于不久又饿的。
② 辣饼子,剩下的隔夜干粮。

赶出去。他们不大明白沙老师是怎么了,心中也有点不乐意。

可是,他们到处为沙老师吹腾,一来是愿意使人知道他们的武艺有真传授,受过高人的指教;二来是为激动沙老师:万一有人不服气而找上老师来,老师难道还不露一两手真的么?所以:沙老师一拳就砸倒了个牛!沙老师一脚把人踢到房上去,并没使多大的劲!他们谁也没见过这种事,但是说着说着,他们相信这是真的了,有年月,有地方,千真万确,敢起誓!

王三胜——沙子龙的大伙计——在土地庙拉开了场子,摆好了家伙。抹了一鼻子茶叶末色的鼻烟,他抡了几下竹节钢鞭,把场子打大一些。放下鞭,没向四围作揖,叉着腰念了两句:"脚踢天下好汉,拳打五路英雄!"向四围扫了一眼:"乡亲们,王三胜不是卖艺的;玩艺儿会几套,西北路上走过镖,会过绿林中的朋友。现在闲着没事,拉个场子陪诸位玩玩。有爱练的尽管下来,王三胜以武会友,有赏脸的,我陪着。神枪沙子龙是我的师傅;玩艺地道!诸位,有愿下来的没有?"他看着,准知道没人敢下来,他的话硬,可是那条钢鞭更硬,十八斤重。

王三胜,大个子,一脸横肉,努着对大黑眼珠,看着四围。大家不出声。他脱了小褂,紧了紧深月白色的"腰里硬",把肚子杀进去。给手心一口唾沫,抄起大刀来:

"诸位,王三胜先练趟瞧瞧。不白练,练完了,带着的扔几个;没钱,给喊个好,助助威。这儿没生意口。好,上眼①!"

大刀靠了身,眼珠努出多高,脸上绷紧,胸脯子鼓出,像两块老桦木根子。一跺脚,刀横起,大红缨子在肩前摆动。削砍劈拨,蹲越闪转,手起风生,忽忽直响。忽然刀在右手心上旋转,身弯下去,四围鸦雀无声,只有缨铃轻叫。刀顺过来,猛的一个"跺泥",身子直挺,比众人高着一头,黑塔似的。收了势:"诸位!"一手持刀,一手叉腰,看着四围。稀稀的扔下几个铜钱,他点点头。"诸位!"他等着,等着,地上依旧是那几个亮而削薄的铜钱,外层的人偷偷散去。他咽了口气:"没人懂!"他低声的说,可是大家全听见了。

"有功夫!"西北角上一个黄胡子老头儿答了话。

"啊?"王三胜好似没听明白。

"我说:你——有——功——夫!"老头子的语气很不得人心。

放下大刀,王三胜随着大家的头往西北看。谁也没看重这个老人:小干巴个儿,披着件粗蓝布大衫,脸上窝窝瘪瘪,眼陷进去很深,嘴上几根细黄胡,肩上扛着条小黄草辫子,有筷子那么细,而绝对不像筷子那么直顺。王三胜可是看出这老家伙有功夫,脑门亮,眼睛亮——眼眶虽深,眼珠可黑得像两口小井,深深的闪着黑光。王三胜不怕:他看得出别人有功夫没有,可更相信自己的本事,他是沙子龙手下的大将。

"下来玩玩,大叔!"王三胜说得很得体。

---

① 上眼,请观众注意看。

点点头，老头儿往里走。这一走，四外全笑了。他的胳臂不大动；左脚往前迈，右脚随着拉上来，一步步的往前拉扯，身子整着①，像是患过瘫痪病。蹭到场中，把大衫扔在地上，一点没理会四围怎样笑他。

"神枪沙子龙的徒弟，你说？好，让你使枪吧；我呢？"老头子非常的干脆，很像久想动手。

人们全回来了，邻场耍狗熊的无论怎么敲锣也不中用了。

"三截棍进枪吧？"王三胜要看老头子一手，三截棍不是随便就拿得起来的家伙。

老头子又点点头，拾起家伙来。

王三胜努着眼，抖着枪，脸上十分难看。

老头子的黑眼珠更深更小了，像两个香火头，随着面前的枪尖儿转，王三胜忽然觉得不舒服，那俩黑眼珠似乎要把枪尖吸进去！四外已围得风雨不透，大家都觉出老头子确是有威。为躲那对眼睛，王三胜耍了个枪花。老头子的黄胡子一动："请！"王三胜一扣枪，向前躬步，枪尖奔了老头子的喉头去，枪缨打了一个红旋。老人的身子忽然活展了，将身微偏，让过枪尖，前把一挂，后把撩王三胜的手。拍，拍，两响，王三胜的枪撒了手。场外叫了好。王三胜连脸带胸口全紫了，抄起枪来；一个花子，连枪带人滚了过来，枪尖奔了老人的中部。老头子的眼亮得发着黑光；腿轻轻一屈，下把掩裆，上把打着刚要抽回的枪杆；拍，枪又落在地上。

场外又是一片彩声。王三胜流了汗，不再去拾枪，努着

---

① 身子整着，两臂不动，身体僵硬地走路。

眼，木在那里。老头子扔下家伙，拾起大衫，还是拉拉着腿，可是走得很快了。大衫搭在臂上，他过来拍了王三胜一下："还得练哪，伙计！"

"别走！"王三胜擦着汗："你不离，姓王的服了！可有一样，你敢会会沙老师？"

"就是为会他才来的！"老头子的干巴脸上皱起点来，似乎是笑呢。"走；收了吧；晚饭我请！"

王三胜把兵器拢在一处，寄放在变戏法二麻子那里，陪着老头子往庙外走。后面跟着不少人，他把他们骂散了。

"你老贵姓？"他问。

"姓孙哪，"老头子的话与人一样，都那么干巴。"爱练；久想会会沙子龙"。

沙子龙不把你打扁了！王三胜心里说。他脚底下加了劲，可是没把孙老头落下。他看出来，老头子的腿是老走着查拳门中的连跳步；交起手来，必定很快。但是，无论他怎么快，沙子龙是没对手的。准知道孙老头要吃亏，他心中痛快了些，放慢了些脚步。

"孙大叔贵处？"

"河间的，小地方。"孙老者也和气了些："月棍年刀一辈子枪，不容易见功夫！说真的，你那两手就不坏！"

王三胜头上的汗又回来了，没言语。

到了客栈，他心中直跳，唯恐沙老师不在家，他急于报仇。他知道老师不爱管这种事，师弟们已碰过不少回钉子，可是他相信这回必定行，他是大伙计，不比那些毛孩子；再说，人家在庙会上点名叫阵，沙老师还能丢这个脸么？"

"三胜，"沙子龙正在床上看着本《封神榜》，"有事吗？"

三胜的脸又紫了，嘴唇动着，说不出话来。

沙子龙坐起来，"怎么了，三胜？"

"栽了跟头！"

只打了个不甚长的哈欠，沙老师没别的表示。

王三胜心中不平，但是不敢发作；他得激动老师："姓孙的一个老头儿，门外等着老师呢；把我的枪，枪，打掉了两次！"他知道"枪"字在老师心中有多大分量。没等吩咐，他慌忙跑出去。

客人进来，沙子龙在外间屋等着呢。彼此拱手坐下，他叫三胜去泡茶。三胜希望两个老人立刻交了手，可是不能不沏茶去。孙老者没话讲，用深藏着的眼睛打量沙子龙。沙很客气：

"要是三胜得罪了你，不用理他，年纪还轻。"

孙老者有些失望，可也看出沙子龙的精明。他不知怎样好了，不能拿一个人的精明断定他的武艺。"我来领教领教枪法！"他不由地说出来。

沙子龙没接碴儿。王三胜提着茶壶走进来——急于看二人动手，他没管水开了没有，就沏在壶中。

"三胜，"沙子龙拿起个茶碗来，"去找小顺们去，天汇见，陪孙老者吃饭。"

"什么！"王三胜的眼珠几乎掉出来。看了看沙老师的脸，他敢怒而不敢言地说了声"是啦！"走出去，撇着大嘴。

"教徒弟不易！"孙老者说。

"我没收过徒弟。走吧，这个水不开！茶馆去喝，喝饿了就吃。"沙子龙从桌子上拿起缎子褡裢，一头装着鼻烟壶，一头装着点钱，挂在腰带上。

"不,我还不饿!"孙老者很坚决,两个"不"字把小辫从肩上抡到后边去。

"说会子话儿。"

"我来为领教领教枪法。"

"功夫早搁下了,"沙子龙指着身上,"已经放了肉!"

"这么办也行,"孙老者深深的看了沙老师一眼:"不比武,教给我那趟五虎断魂枪。"

"五虎断魂枪?"沙子龙笑了:"早忘干净了!早忘干净了!告诉你,在我这儿住几天,咱们各处逛逛,临走,多少送点盘缠。"

"我不逛,也用不着钱,我来学艺!"孙老者立起来,"我练趟给你看看,看够得上学艺不够!"一屈腰已到了院中,把楼鸽都吓飞起去。拉开架子,他打了趟查拳:腿快,手飘洒,一个飞脚起去,小辫儿飘在空中,像从天上落下来一个风筝;快之中,每个架子都摆得稳、准,利落;来回六趟,把院子满都打到,走得圆,接得紧,身子在一处,而精神贯串到四面八方。抱拳收势,身儿缩紧,好似满院乱飞的燕子忽然归了巢。

"好!好!"沙子龙在台阶上点着头喊。

"教给我那趟枪!"孙老者抱了抱拳。

沙子龙下了台阶,也抱着拳:"孙老者,说真的吧;那条枪和那套枪都跟我入棺材,一齐入棺材!"

"不传?"

"不传!"

孙老者的胡子嘴动了半天,没说出什么来。到屋里抄起蓝布大衫,拉拉着腿:"打搅了,再会!"

"吃过饭走!"沙子龙说。

孙老者没言语。

沙子龙把客人送到小门,然后回到屋中,对着墙角立着的大枪点了点头。

他独自上了天汇,怕是王三胜们在那里等着。他们都没有去。

王三胜和小顺们都不敢再到土地庙去卖艺,大家谁也不再为沙子龙吹胜;反之,他们说沙子龙栽了跟头,不敢和个老头儿动手;那个老头子一脚能踢死个牛。不要说王三胜输给他,沙子龙也不是他的对手。不过呢,王三胜到底和老头子见了个高低,而沙子龙连句硬话也没敢说。"神枪沙子龙"慢慢似乎被人们忘了。

夜静人稀,沙子龙关好了小门,一气把六十四枪刺下来;而后,拄着枪,望着天上的群星,想起当年在野店荒林的威风。叹一口气,用手指慢慢摸着凉滑的枪身,又微微一笑,"不传!不传!"

听来的故事

宋伯公是个可爱的人。他的可爱由于互相关联的两点：他热心交友，舍己从人；朋友托给他的事，他都当作自己的事那样给办理；他永远不怕多受累。因为这个，他的经验所以比一般人的都丰富，他有许多可听的故事。大家爱他的忠诚，也爱他的故事。找他帮忙也好，找他闲谈也好，他总是使人满意的。

对于青岛的樱花，我久已听人讲究过；既然今年有看着的机会，一定不去未免显着自己太别扭；虽然我经验过的对风景名胜和类似樱花这路玩艺的失望使我并不十分热心。太阳刚给嫩树叶油上一层绿银光，我就动身向公园走去，心里说：早点走，省得把看花的精神移到看人上去。这个主意果然不错，树下应景而设的果摊茶桌，还都没摆好呢，差不多除了几位在那儿打扫甘蔗渣子、橘皮和昨天游客们所遗下的一切七零八碎的清道夫，就只有我自己。我在那条樱花路上来回溜达溜达，远观近玩的细细的看了一番樱花。

樱花说不上有什么出奇的地方，它艳丽不如桃花，玲珑不如海棠，清素不如梨花，简直没有什么香味。它的好处在乎"盛"：每一丛有十多朵，每一枝有许多丛；再加上一株挨着一株，看过去是一团团的白雪，微染着朝阳在雪上映出的一点浅粉。来一阵微风，樱树没有海棠那样的轻动多姿，而是整团的雪全体摆动；隔着松墙看过去，不见树身，只见一片雪海轻移，倒还不错。设若有下判断的必要，我只能说樱花的好处是使人痛快，它多、它白、它亮，它使人觉得春忽然发了疯，若是以一朵或一株而论，我简直不能给它六十分以上。

无论怎说吧，我算是看过了樱花。不算冤，可也不想再看，就带着这点心情我由花径中往回走，朝阳射着我的背。走到了梅花路的路头，我疑惑我的眼是有了毛病：迎面来的是宋伯公！这个忙人会有工夫来看樱花！

不是他是谁呢，他从远远的就"嘿喽"，一直"嘿喽"到握着我的手。他的脸朝着太阳，亮得和春光一样。

"嘿喽，嘿喽，"他想不起说什么，只就着舌头的便利又补上这两下。

"你也来看花？"我笑着问。

"可就是，我也来看花！"他松了我的手。

"算了吧，跟我回家溜溜舌头去好不好？"我愿意听他瞎扯，所以不管他怎样热心看花了。

"总得看一下，大老远来的；看一眼，我跟你回家，有工夫；今天我们的头儿逛崂山去，我也放了自己一天的假。"他的眼向樱花那边望了望，表示非去看看不可的样子。

我只好陪他再走一遭了。他的看花法和我的大不相同了。在他的眼中，每棵树都像人似的，有历史，有个性，还有名字："看那棵'小歪脖'，今年也长了本事；嘿！看这位'老太太'，居然大卖力气；去年，去年，她才开了，哼，二十来朵花吧！嘿喽！"他立在一棵细高的樱树前面："'小旗杆'，这不行呀，净往云彩里钻，不别枝子！不行，我不看电线杆子,告诉你!"然后他转向我来:"去年,它就这么细高,今年还这样,没办法!"

"它们都是你的朋友?"我笑了。

宋伯公也笑了:"哼,那边的那一片,几时栽的,哪棵是补种的,我都知道。"

看一下!他看了一点多钟!我不明白他怎么会对这些树感到这样的兴趣。连树干上抹着的白灰,他都得摸一摸,有一片话。诚然,他讲说什么都有趣;可是我对树木本身既没他那样的热诚,所以他的话也就打不到我的心里去。我希望他说些别的。我也看出来,假如我不把他拉走,他是满可以把我说得变成一棵树,一声不出的听他说个三天五天的。

我把他硬扯到家中来。我允许给他打酒买菜;他接收了我的贿赂。他忘了樱花,可是我并想不起一定的事儿来说。瞎扯了半天,我提到孟智辰来。他马上接了过去:

"提起孟智辰来,那天你见他的经过如何?"

我并不很认识这个孟先生——或者应说孟秘书长——我前几天见过他一面,还是由宋伯公介绍的。我不是要见孟先生,而是必须见孟秘书长;我有件非秘书长不办的事情。

"我见着了他,"我说,"跟你告诉我的一点也不差:四棱子脑袋;牙和眼睛老预备着发笑唯恐笑晚了;脸上的神气明明宣布着:我什么也记不住,只能陪你笑一笑。"

"是不是?"宋伯公有点得意他形容人的本事。"可是,对那件事他怎么说?"

"他,他没办法。"

"什么?又没办法?这小子又要升官了!"宋伯公咬上嘴唇,像是想着点什么。

"没办法就又要升官了?"我有点惊异。

"你看,我这儿不是想哪吗?"

我不敢再紧问了,他要说一件事就要说完全了,我必须忍耐的等他想。虽然我的惊异使我想马上问他许多问题,可是我不敢开口;"凭他那个神气,怎能当上秘书长?"这句最先来到嘴边上的,我也咽下去。

我忍耐的等着他,好像避雨的时候渴望黑云裂开一点那样。不久——虽然我觉得仿佛很久——他的眼球里透出点笑光来,我知道他是预备好了。

"哼!"他出了声:"够写篇小说的!"

"说吧,下午请你看电影!"

"值得看三次电影的,真的!"宋伯公知道他所有的故事的价值:"你知道,孟秘书长是我大学里的同学?一点不瞎吹!同系同班,真正的同学。那时候,他就是个重要人物:学生会的会长呀,作各种代表呀,都是他。"

"这家伙有两下子?"我问。

"有两下子?连半下子也没有!"

"因为——"

"因为他连半下子没有,所以大家得举他。明白了吧?"

"大家争会长争得不可开交,"我猜想着:"所以让给他做,是不是?"

宋伯公点了点头:"人家孟先生的本事是凡事无办法,因而也就没主张与意见,最好作会长,或作菩萨。"

"学问许不错?"没有办事能干的人往往有会读书的聪明,我想。

"学问?哈哈!我和他都在英文系里,人家孟先生直到毕业不晓得莎士比亚是谁。可是他毕了业,因为无论是主任、教授、讲师,都觉得应当,应当,让他毕业。不让他毕业,他们觉得对不起人。人家老孟四年的工夫,没在讲堂上发过问。哪怕教员是条驴呢,他也对着书本发愣,一声不出。教员当然也不问他;即使偶尔问到他,他会把牙露出来,把眼珠收起去,那么一笑。这是天字第一号的好学生,当然得毕业。既准他毕业,大家就得帮助他作卷子,所以他的试卷很不错,因为是教员们给作的。自然,卷子里还有错儿,那可不是教员们作的不好,是被老孟抄错了;他老觉得 M 和 N 是可以通用的,所以把 name 写成 mane,在他,一点也不算出奇。把这些错儿应扣的分数减去,他实得平均分数八十五分,文学士。来碗茶……

"毕业后,同班的先后都找到了事;前些年大学毕业生找事还不像现在这么难。老孟没事。有几个热心教育的同学办了个中学,那时候办中学是可以发财的。他们听说老孟没事,很想拉拔他一把儿,虽然准知道他不行;同学到底是同学,谁也不肯看着他闲起来。他们约上了他。叫他作什么呢,可是?教书,他教不了;训育,他管不住学生;体育,他不会,他顶好作校长。于是他作了校长。他一点不晓得大家为什么让他作校长,可是他也不骄傲,他天生来的是馒首幌子——馒头铺门口放着的那个大馒头,大,体面,木头作的,上着点白漆。

"一来二去不是,同学们看出来这位校长太没用了,可是他既不骄傲,又没主张,生生的把他撑了,似乎不大好意思。于是大家给他运动了个官立中学的校长。这位馒头幌子笑着搬了家。这时候,他结了婚,他的夫人是自幼定下的。

她家中很有钱，兄弟们中有两位在西洋留学的。她可是并不认识多少字，所以很看得起她的丈夫。结婚不久，他在校长的椅子上坐不牢了；学校里发生了风潮，他没办法。正在这个时候，他的内兄由西洋回来，得了博士；回来就作了教育部的秘书。老孟一点主意没有，可也并不着急；倒慌了教育局局长——那时候还不叫教育局；管它叫什么呢——这玩艺，免老孟的职简直是和教育部秘书开火；不免职吧，事情办不下去。局长想出条好道，去请示部秘书好了。秘书新由外国回来，还没完全把西洋忘掉，'局长看着办吧。不过，派他去考查教育也好。'局长鞠躬而退；不几天，老孟换了西装，由馒头改成了面包。临走的时候，他的内兄嘱咐他：不必调查教育，安心的念二年书倒是好办法，我可以给你办官费。再来碗热的……

"二年无话，赶老孟回到国来，博士内兄已是大学校长。校长把他安置在历史系，教授。孟教授还是不骄傲，老实不客气的告诉系主任：东洋史，他不熟；西洋史，他知道一点；中国史，他没念过。系主任给了他两门最容易的功课，老孟还是教不了。到了学年终，系主任该从新选过——那时候的主任是由教授们选举的——大家一商议，校长的妹夫既是教不了任何功课，顶好是作主任；主任只须教一门功课就行了。老孟作了系主任，一点也不骄傲，可是挺喜欢自己能少教一门功课，笑着向大家说：我就是得少教功课。好像他一点别的毛病没有，而最适宜当主任似的。有一回我到他家里吃饭，孟夫人指着脸子说他：'我哥哥也留过学，你也留过学，怎么哥哥会作大校长，你怎就不会？'老孟低着头对自己笑了一下：'哼，我作主任合适！'我差点没憋死，我不敢笑出来。

"后来,他的内兄校长升了部长,他作了编译局局长。叫他作司长吧,他看不懂公事;叫他作秘书吧,他不会写;叫他作编辑委员吧,他不会编也不会译,况且职位也太低。他天生来的该作局长,既不须编,也无须译,又不用天天办公。'哼,我就是作局长合适!'这家伙仿佛很有自知之明似的。可是,我俩是不错的朋友,我不能说我佩服他,也不能说讨厌他。他几乎是一种灵感,一种哲理的化身。每逢当他升官,或是我自己在事业上失败,我必找他去谈一谈。他使我对于成功或失败都感觉到淡漠,使我心中平静。由他身上,我明白了我们的时代——没办法就是办法的时代。一个人无须为他的时代着急,也无须为个人着急.他只须天真的没办法,自然会在波浪上浮着,而相信:'哼。我浮着最合适。'这并不是我的生命哲学,不过是由老孟看出来这么点道理,这个道理使我每逢遇到失败而不去着急。再来碗茶!"

他喝着茶,我问了句:"这个人没什么坏心眼?"

"没有,坏心眼多少需要一些聪明;茶不错,越焖越香!"宋伯公看着手里的茶碗。"在这个年月,凡要成功的必须掏坏;现在的经济制度是大鱼吃小鱼,小鱼吃虾米的制度。掏了坏,成了功;可不见就站得住。三摇两摆,还得栽下来;没有保险的事儿。我说老孟是一种灵感,我的意思就是他有种天才,或是直觉,他无须用坏心眼而能在波浪上浮着,而且浮得很长久。认识了他便认识了保身之道。他没计划,没志愿,他只觉得合适,谁也没法子治他。成功的会再失败;老孟只有成功,无为而治。"

"可是他有位好内兄?"我问了一句。

"一点不错；可是你有那么位内兄，或我有那么位内兄，照样的失败。你，我，不会觉得什么都正合适。不太自傲，便太自贱；不是想露一手儿，便是想故意的藏起一招儿，这便必出毛病。人家老孟自然。糊涂得像条骆驼，可是老那么魁梧壮实，一声不出，能在沙漠里慢慢溜达一个星期！他不去找缝子钻，社会上自然给他预备好缝子，要不怎么他老预备着发笑呢。他觉得合适。你看，现在人家是秘书长；作秘书得有本事，他没有；作总长也得有本事，而且不愿用个有本事的秘书长；老孟正合适。他见客，他作代表，他没意见，他没的可泄露，他老笑着，他有四棱脑袋，种种样样他都合适。没人看得起他，因而也没人忌恨他；没人敢不尊敬他，因为他作什么都合适，而且越作地位越高。学问，志愿，天才，性格，都足以限制个人事业的发展，老孟都没有。要得着一切的须先失去一切，就是老孟。这个人的前途不可限量。我看将来的总统是给他预备着的。你爱信不信！"

"他连一点脾气都没有？"

"没有，纯粹顺着自然。你看，那天我找他去，正赶上孟太太又和他吵呢。我一进门，他笑脸相迎的：'哼，你来得正好，太太也不怎么又炸了。'一点不动感情。我把他约出去洗澡，喝！他那件小褂，多么黑先不用提，破的就像个地板擦子。'哼，太太老不给做新的吗。'这只是陈述，并没有不满意的意思。我请他洗了澡，吃了饭，他都觉得好：'这澡堂子多舒服呀！这饭多好吃呀！'他想不起给钱，他觉得被请合适。他想不起抓外钱，可是他的太太替他收下'礼物'，他也很高兴：'多进俩钱也不错！'你看，他歪打正着，正合乎这个时代的心理——礼物送给太太，而后老爷替礼物说话。他以自己的胡涂给别人的聪明开了一条路。他觉得合适，别人也觉得合适。他好像是个神秘派的诗人，默默中抓住种种现象下的一致的真理。他抓到——虽然他自己并不知道——自古以来中国人的最高的生命理想。"

"先喝一盅吧？"我让他。

他好像没听见。"这像篇小说不？"

"不大像，主角没有强烈的性格！"我假充懂得文学似的。

"下午的电影大概要吹？"他笑了笑。"再看看樱花去也好。"

"准请看电影，"我给他斟上一盅酒。"孟先生今年多大？"

"比我——想想看——比我大好几岁呢。大概有四十八九吧。干吗？噢，我明白了，你怕他不够作总统的年纪？再过几年，五十多岁，正合适！"

哀　启

五个亡国奴占据了金紫良先生的一所三合瓦房。金先生是有个姓名的：作过公安局的科长，和其他机关中科长科员之类的官儿；颇剩下几个钱，置买了几所小房；现在就指着几个房租，过着份不算不舒服的日子。因为官面上有不少朋友，房客们要是到日子拿不上租金，别管是有意捣蛋，还是实在手里太紧，金先生会叫巡警们替他讲话。在这一点上，金先生在"吃瓦片"的人们里是很足以自豪，而被称为人物的。

可是，五个"虾仁"硬占了他一所三合房。他不敢说"亡国奴"这三个字，所以每逢必须说到这个的时候，他把"××虾仁"的上半截去掉，作成个巧妙而无危险的隐语——"虾仁"。五个虾仁占了他的房之后，他很抱怨自己，为什么自己这样粗心，房子空闲出来而教虾仁们知道了呢？他觉得这几乎全是他自己的错儿，而虾仁们——既是虾仁们——的横行霸道似乎是理所当然的。

不过，自怨是无济于事的。假如金先生在街上被虾仁无缘无故的敲了一拳，或推了一跤，那么，说声倒霉，或怨自己不小心，也就算了。白住房子可并不这样简单，不能就这么轻轻地放过去，虽然一声不出是极好的办法。虾仁们占着他的房子，卖白面，绑票儿，无所不为。这未免太"那个"

一点。倒不是金先生有意阻止虾仁们干这些营生，或是以为这种营生有什么不体面；他伤心的是既然他们经营着这些事业，为什么不给他房钱？他们要是没有个营生，不拿房租也还有的可说；既是零整的发卖着白面，又有随时绑票的进款，怎么对房租还一字不提呢，他以为虾仁们作事未免有点太过火。

他想去要房钱，当然他不便于亲身去。他还是得托巡警们。这回的请托可是很柔和，与其说是请托，还不如说是商量个办法。跟虾仁们办交涉，不比和中国人对付，他体谅到巡警们的难处。他根本没希望巡警们能满应满许的马到成功，只盼着有个相当的办法，走到哪儿算哪儿，尽人事而后听天命。假若万幸朋友们真有个不错的方法，要出房租彼此平分也是好的；即使事情实在难办，或者因为半份房钱的便宜，他们也能特别卖卖力气。

他找了朋友们去。没想到他们会根本拒绝，不但不愿意给他办理，仿佛连听这种事也不喜欢听。意在言外，他们都以为他是自讨无趣似的。就是那半份房租的酬赠也没招出半点热心来。金先生心中未免有点不痛快。可是回到家中一想，他想过点味儿来：这不是朋友们不替他出力，而是他自己太没见识。比方这么说吧，他寻思着，万一这件事传到虾仁们耳朵里去，焉知他们不找上门来把他绑了走，或是一把火烧了他的房！"老金，你好不懂事！"他责备自己。再一想呢，虾仁们占据的房很多了，为什么别人都一声不出，偏偏老金长着三头六臂？想到这儿，他很感激朋友们了，幸而他们多知多懂，没给他出任何主意。真要遇上不三不四的朋友，胡说八道一阵，而被虾仁们听了去，那才得吃不了兜着走呢!

不再想这所房子就完了,他下了决心。这种从容镇静使他想出妙法。他把其余的几处房子都加高了租金。虾仁们白住了我一所房,他细心的一打算盘,我教大家每月多拿一点;大家的损失有限,可是我既不惹虾仁们生气,又能不十分在钱上吃亏。对,对的!房客们要是反对,那好办呀;我治不了虾仁们,还治不了小蝌蚪们!他觉得这个比喻非常的聪明可喜,自己笑了半天。

有个洋车夫来见金先生。金先生想不起自己有过这样的亲友;即使真有过这样的苦朋友,以他的身分说也不能接见,可是他又不敢不见;在公安局混过差事,他晓得穷人中也有好汉,得罪不得。在他心中,所谓好汉就是胳膊粗,力气大,蛮不讲理。他怕这样的人。他马上出来接见这个洋车夫;从地位上说,他觉得自己太谦卑;从力气上说,他以为自己是很精明。能够用势力压人,和会避免挨打,在他,是人生最高的智慧。

一看到那个洋车夫,他后悔了。他简直没有看见过这么褴褛,狼狈,泄气的车夫。这个人有四十上下岁,不高的个儿,一张长瘦的脸,两只望天儿眼睛。上身穿着蓝号坎儿,汗碱有五分厚;裤子也是蓝的,补着各色的破布,腿上还有两三个窟窿。赤着脚,张了嘴的破鞋,用麻绳儿绑着。手里提着条和地皮同色的小毛巾,敞着怀,肋条一棱一棱的挂着些鲇皮,皮上滋满了多日的黑泥。

"干吗?"金先生堵上鼻子,心里有一万个不高兴。

"先生!"洋车夫的眼向上翻着,把右手按在胸口上。好像那里刺着疼似的。

"说话！我不是专为伺候你的！"金先生虽然是真生了气，可是听着自己的呼叱，心中觉出自己的伟大与身分，而把气消减了一两分。他想，就是他和虾仁们对了面，他们的呼叱也不会这么雄厚有力。

"先生！在板子胡同，你不是有所房子吗？"拉车的翻着白眼等金先生来承认这件事；唯恐把事儿弄错了。

听到说自己的房子，金先生的心里有些发乱。是吉是凶，无从猜到，他只好虚为支应一下："是我的怎样，不是我的又怎样呢？"

"先生！你就救救命吧！"车夫的眼向上紧翻，翻着翻着，落下泪来；一低头，往前一扑，跪在金先生的脚前。跪下以后，又抬起头来，满脸是泪，嘴动了几动，没能说出话来。

"到底什么事啊？你看！快起来！"金先生要拉车夫一把，看他的衣服太脏，把手又缩了回去。"有什么话起来说，真！"

车夫不知怎好的，一边嘟哝着"救救命吧"，一边往起立；立起来，深深的叹了口气。

"先说明白了，别耍这套'恶化'！"金先生坐下了。

"先生！"车夫的眼泪又从新流下来。"我是个穷人。老婆死了好几年了。我就带着大利——今年八岁了——穷混。一天到晚，我去苦曳，别的都是小事，到晚上我得给大利带回两个白面的馒头来。我是为他活着呢。他是我冯家的一条根！白天我去拉车，他就跟着三姨——我老婆的缺心眼的老妹妹——一块儿玩。每天我收了车，他和老姨儿总在胡同口上等着我，老远的就叫爸爸，笑得像朵花似的接过馒头或烧饼去！"他愣了一会儿，仿佛是听听有没有大利的笑声。"昨天，我收了车，也就是有四点钟吧！买卖不错，所以早收了会儿，还给大利买了包酱肉——孩子老吃不着个荤腥儿；胡同口上没有他，也许想不到我回来这么早，我心里说。到了家，老姨在屋里哭呢。问她什么，她只管摇头。她自幼就缺心眼儿。我出来一问街坊们，他们谁也没亲眼看见，可是都说必定是教板子胡同的人们给绑了去。我不大信。他们绑小孩是真的，我知道；可是还没听说绑过大利这么穷苦的孩子。你看，大利身上除了件破裤子，没有别的东西；绑他干吗，瞎了眼？我不大信。可是我不能不去找他。和巡警们一打听，他们有看见的，一点不错，大利教两个鬼子给架了走。他们当巡警的看见了，可是不敢管；他们还怪我不好好的看着孩子呢！"车夫的嘴角堆起许多白沫，眼定住，嗓子好像堵住气，用手抓了两把。

"我找到板子胡同去，他们要二十块钱；没钱，他们撕——"车夫捂上了眼，手一劲儿的哆嗦。过了一会儿，把手放下来，好像忘了一切，呆呆的立着。忽然，极惨的笑了一声，仿佛悲苦怨恨已经到了极点，只好忽然把它们变成一笑，像顶黑的夜里的一条白闪。"二十块？哼，我？好几年了，我就没见过一块现洋！我去见了巡长，给他磕了三个头；没用！他说我顶好是凑二十块钱，把大利赎回来。用得着他说！我上哪里凑钱去，我？卖没的卖，当没的当！从板子胡同回来，我就张罗钱；连老姨身上的一件小褂都剥了下来；哼，先生，一共我弄出五块钱来；实在想不出法儿来，我去给车厂子的掌柜磕了头。我拉过十年他的车了，没欠过车份儿；我跟他开口借十五块钱；以后每天还他一角，还给他出利钱。崔掌柜还算不错，给了我五块钱。虽然我还差着十块，可是不好意思再逼他。他说得明白，那五块钱不要利钱，教我慢慢的还。他这么够朋友，我怎好再为难他呢？"说到这里，他仿佛暂时忘了痛苦，而天真的从腰间摸出两张五元的票子来，像小孩子献摆新玩艺似的，一手提着一张，给金先生看。

"到底你找我来干吗？"金先生已经猜到车夫的来意，可是愿意明白车夫怎的想到了他。他不十分热心去想是否应当帮助眼前这个苦人，假如车夫是来告帮，而一心的要晓得他自己在这件事中有什么样的地位与能力——说不定也许有点危险呢！

"是这么回事，先生，"车夫极小心的把两张钞票收好。"崔掌柜见我很为难，给我出了个主意：他说，老冯呀，你去求求金先生吧！板子胡同的那所房是金先生的。到了那儿，老冯你就应该说：金先生，你一来是个外场人，很讲义气；二来那所房是你的，万一他们真撕了——我丢了儿子，你脏了房，都不是好事。这是崔掌柜教给我的话，先生。我跟先生不认识，实在没脸来求你，可是我真没了法子。先生自当打牌多输了几块，救救命！再说，崔掌柜说得也有理：万一脏了房，先生也吃亏不小！"车夫用小毛巾擦了擦嘴，两眼不错眼珠的看着金先生。

金先生为了难：车夫是要十元钱，不错，这很简单。不过，萍水相逢，白给十元钱，不大像回事儿。再说，焉知车夫不是骗子呢，骗子都会鼻一把泪一把的装模作样。假如车夫说的是真话，的确是怪惨的；假若他是骗局呢，金先生岂不是成了冤大脑袋。作善积德，偶一为之，原无不可；可是不能随便被人骗了钱去。顶好是去打听打听，或是车夫自己拿出真证实据；有了充足的证据，再拿钱才妥当，虽然自己并没有一定拿钱的责任。但是，为这件事，金先生不便自己出马去打听；好，巡警们都躲干净，自己又不是现任的地方官，干吗把新鞋往泥塘里踏。至于跟车夫要更充足的证据，也不十分妥当；假若这回事是千真万确，而车夫一趟八趟的上这里来，教虾仁们知道了才妙呢！干脆把车夫打发走，别教他在这儿死腻。怎能打发他呢？大概是非给钱不可！不给他钱，他也许再来，早晚是非被虾仁们知道了不拉倒。况且，车夫的话若是不假，花几块钱省得脏了房也的确是个便宜。好，真要把票儿撕在自己的房子里，虾仁们有搬走的那一天，而自己的产业永远成了凶宅，那才窝心！自然，一个七八岁的孩子——又是个车夫的儿子——就是遇了害，大概也不会闹鬼。不过，到底不好听，房子是吃不住人血的！算了吧，给他钱，打发他走就完了。说不定，为这个善举，感动了上天，还许教虾仁们早些搬开呢！

金先生心中大致的有了这么个决定。可是还不肯马上执行，唯恐忙中有错，作的不妥当。他挪挪茶碗，摸摸脖子，看看车夫……仿佛是希望在这些小动作中能得到意外的灵感。

再也想不出高明的主意来，他极慢的，先转过身去，掏出皮夹来。皮夹里分类的装着两张钞票，一张十元的，一张五元的；一打儿毛票，大概有七八毛钱的样子；两毛缺角的旧票，和几张名片在一块儿。他细数了一遍，更整齐的重新按类放好。然后又拿起那张十元的，看了看，放下；把那张五元的提出来。

"五块,拿去!"金先生的动作加快了许多。"别再来!别跟人说板子胡同的房是我的!快走!"

车夫接过票子去,不知要说什么好,他知道五块钱不够,可是要先谢谢金先生,而后再央求;央求也怪不好意思了,可是儿子的命——他心中非常的乱。

金先生把车夫一切的话都拦了回去:"拿了钱就走吧!还得等我央告你吗?"

"先生,我,真——"车夫心中更乱起来,一句话也找不到了。

"快走!"

快晌午了,老冯紧紧握着三张票子,到板子胡同去。他心中这么想:钱是没凑够,可是办法已都想尽;再去跑上一天,也未必能有什么好处;而大利是越早出来越好。好吧,就去交款吧。绑票的事是常有的,差不多听说过的都是要三千五千,至少也得几百。这回,一要才要二十块,那么,交上十五,再央告央告,大概也就可以把孩子领出来了!情理,希望,和爱子的心切,都使老冯觉到事情很可以就这么了结。有了大利,以后他还能高高兴兴的苦奔;等大利能自己挣饭吃,自己一闭眼也就放心了。这么一想,他心中似乎得到了一些安慰,觉到黑暗中还有不少的光明。他承认大利被绑是件事实,这件事能解决,快快的解决,便一天云雾散;明天再说明天的,而且大利能平安的出来,明天还是很有希望的。他不想什么法律,正义,民族,国家等问题。这些似乎永远没到他心中来过。就是这件事的对与不对,他似乎也不愿去想，仿佛一个外国人绑去他的儿子是除了拿钱去赎，别无办法的。他着急，可是不生气，巡警们没生气，金先生没生气．老冯自己也不敢生气。他只求快快解决了这桩事，越快越好；他脚底下加了劲，张着嘴的破鞋噗喳噗喳的像一对快要干死的大鱼。

到了板子胡同，他敲了敲门。出来一个金先生所谓的虾仁。一见是老冯，虾仁说了声"妈×"。老冯知道虾仁们的中国话是以这两个字为中心的，一点也不以为新奇，更说不到生气来。他掏出那三张票子来。虾仁的眼睛亮了些，为表示一点感情，又说了声"妈×"。

老冯留了个心眼：非见到大利，不能交钱；万一钱交过去，而他们变了卦呢！他很规矩的，勉强的陪笑，说明了这个意思。虾仁似乎听清楚，又似乎没听清楚，走了进去，老冯也跟进去。到了院中，从屋里又走出一对虾仁来，都丧胆游魄的，脸上没有什么血色，仿佛是活腻了的样子。

"爸爸!"屋门中探出个圆头来，"爸爸!"

圆头上挨了一拳。又缩了回去，可是还叫："爸爸！带来烧饼了吗？他们不给我饭吃！"说完，圆头又伸了出来，虽然又挨了一拳，可是没有退回去；大利一下子跑出来，抱住爸的腿："爸爸你怎么不早来呢！我饿！"

一个虾仁想把大利揪过去，大利照准了手给了一口："我爸爸来了，我一点不怕你！"

虾仁捂住了手，似乎生了气，可是没发作。老冯赶紧叱呼大利，同时笑脸相迎的把钱递给了头一个虾仁。

虾仁接过钱去，数了数："妈×，妈×，五块少！"

"老爷!"老冯一手摸着大利的头，一手作势，帮助加重求怜的恳切："老爷！苦人哪！以后再孝敬吧！"

虾仁们嘀咕了一会儿。过来两个，拉住大利的胳臂。

"爸爸！"大利本能的觉到危险，脸上登时没了血色。"爸爸！别教他们打死我！我从此乖乖的，再也不淘气！"

"五块少，死妈×！"一个虾仁用力拉了大利一下子。

"爸爸！"

老冯跪下了："老爷们，善心吧！就是这么一条根啊！"

屋里又出来一对虾仁，用眼神鼓励了拉着大利的那两个一下。那两个一蹲身，一人抄住大利一条腿。大利哆嗦开了，眼睛冒着一股冷火。岔了音的喊了声："爸爸！"刚喊出来，老冯眼前看见了一片红！

老冯怎样出来的，他自己也不知道。一向是望着天走路，现在他深深的低着头。他看不见路，看不见人，看不见一切；眼前只有些红光。红光忽然结成一片，里面是大利的上半身，向他张着口，无声的喊爸爸。忽然红光散成多少片，一片红光包着大利的肠，另一片包着大利的胃，都鲜红的，颤抖着，在空中上下飞动。上下左右还有许多片红光与红星，是大利的眼、手、脚指，都颤动着，都无声的喊叫，哭泣，像肉店的肉块五脏都忽然疯了似的在空中乱飞，用力的眨一眨眼，他眼前的红光散尽，仿佛大利就在他身旁呢，他用手去拉，忽然在老远的来了一声"爸爸"，大利又在红光里从远处飞来，眼睁得很大，到了老冯面前，那双眼睛就那么闭了一闭，像刀在脖子上的时候的羊眼。老冯忽然的哭起来，哭不出声，胸中发热，从腹下抽起，抽到腮上，干裂着嘴。

他就这样恍恍惚惚的来到家中。老姨身上披着两张旧报纸在炕上坐着呢。他没说什么,她也没发问。老冯像醉了似的在屋里由这头摸到那头,自言自语的:"肠子!手!大利!大利!爸给你报仇!"摸了半天,他把菜刀摸到手中,用小毛巾包好,又走了出来。

出了门,他的眼前不那么乱了,心中好似也清楚了些。着急的时期已经过去,现在他想着给大利报仇。不用再求人,不用再想办法,不用再说好话,手中有刀,刀会解决一切。杀一个够本,杀两个就有了赚头,很简单。他挺起瘦胸,眼望着天,看得清清楚楚。天上有几块白云,时来时去,掩住又放开日光。他仿佛永未曾看见过这样爽朗的天气,他自己心中也永没有这样充实痛快过。他觉到自己是条汉子,再也用不着给谁磕头请安,刀是天下最硬棒的东西。他一点也不怀疑自己的力量不足,或下不去手杀人;他已忘了自己,自己好似只是一口正气,刀是正气的唇舌。

非常从容的敲了两下门,把刀上的小毛巾解了下来。一个虾仁来开门,刚一露头,刀正抹在气嗓上,血溅出老远,一声没出,便歪了下去。

老冯一直走了进去,大利两腿岔得很宽的还在地上躺着。老冯只叫了声:"大利,爸来了!"一别头,走过去。拉开屋门,四个虾仁都在屋中坐着吸烟呢,屋中满是烟气,呛得老冯嗽了一声。他们看见老冯拿着刀,并不着慌,只彼此对看了看,好像是说:"有人杀咱们来了,怎办?"大概是当亡国奴当惯了,所以拿挨杀当作理应如此的事。老冯没顾得选择,照准最前面的那个就是一刀。其余的那三个,开始要想往外跑;害怕,可是还打不起精神逃命,宁可早送一会儿命,也不肯快走一步。他们也不想抵抗;好似天生成的一种动物,专找不抵抗的去欺侮,而遇着厉害的自己也就不抵抗。有一种癞狗就是如此。

老冯杀上了火来,见人就砍,不久,血已顺着手往下流。他红了眼,听着刀碰肉咯哧咯哧的声响,心中分外的痛快。他没想到杀人是这么容易的事,更没想到虾仁们能这么容易杀。他们眼睛贼似的瞅着他的刀,东奔西躲。他们越这样贼滑,他越发怒;"给你们磕头,你们把我的孩子劈了;太爷拿来刀,你们又不斗,我×你们十八辈的祖宗!"他一边骂,一边往前走,刀落在他们身上,他们闭闭眼。砍倒了两个,带伤跑出去两个。老冯在砍倒的两个身上像剁菜似的砍了一阵。两个断了气,老冯的刀再也拔不出来。他的汗已把衣裳湿透,身上满是血点。他努着最后的力气,走到院中。看见大利的尸身,他忽然手脚全软了,一头扑在地上,搂着大利的圆头,恸哭起来;他现在有了眼泪。

哭了不知多久,他收了声,低声的说:"大利!爸爸给你报了仇!跟爸爸走吧,小子,我的宝贝!"一面说,一面把大利的腿并起来,而后到屋中找了条被子,把孩子包起来。"大利,走吧!"抱着孩子走到门口,一眼看见倒在那里的那个虾仁,他把大利的头轻轻的拉出来:"大利!大利!看哪!爸给你报了仇,真的!"说完,他忽然心中一动,蹲下身去,在那个人身上摸了摸,摸到了那三张钞票。"大利,你有了棺材!嘻!"

走到胡同口上,遇见了本段上的巡长,老冯认识他。

"刘巡长,大利!"老冯指了指被子,"撕了!"

"你快别声张!"巡长的脸色忽然变了。"老哥儿们了,别给地面上惹事！我告诉你什么来着？教你凑钱，你咋没听见！你，得了，快走吧！"巡长似乎还有许多话要说，可是为地面上的安全，不便于再多说，"快走吧！"

"巡长，我砍死他们三个！"

"什么？"

"杀了三个，伤了俩！"

"得，马蜂窝是捅了！全得没命！"

"有什么事我都接着！巡长要说我得到案，等我把大利埋了，就来，准来！我已经够了本，杀，剐，都随便！"

"冯大哥！冯大叔！"巡长眼中差不多要湿了，"少说一句行不行？快把孩子埋了去；别对任何人说一句！走吧！"

刘巡长一夜没睡。他不敢把这件事——足以招出屠城的事，据他看，——报上去。一呈报，别的先不提，他准被撤差。可是，他不去报，而由别处走漏了消息呢，还是没他的好处。对于老冯，他也拿不定主意，把他看管起来吧，事情就弄明了；不管他吧，万一上边要人呢？至于板子胡同搁着的三口尸，更没办法！派个伙计去探听，危险；就那么放着，不像话！

不过，这还都是小事，要命的是十分之十，一两天内准得出大乱子，不屠城也差不远！一夜他没合上眼，时时的起来，向板子胡同那边望望——要屠城准得先放火，必先烧金先生的那所房。一夜并没有任何动静，他更怕了，大概是第二天一清早必动手，他猜摸着。

第二天一早儿，他穿着便衣找了金先生去。

"金科长，"刘巡长永远记得谁作过什么官，即使是民国元年的官职,他总爱称呼着官衔,讨人家喜欢。"金科长,板子胡同出了事!"

"是不是撕了票?"金先生暗恨自己为什么偏偏要省那五元钱。"昨天一个姓冯的车夫来——"

"撕票还是小事呀,"刘巡长没等科长说完,便把话接了过来,"金科长,那个混蛋车夫杀了三个,伤了俩!"

金先生咽了口气,半天没说出话来。呆了好久,他的气顺开一点:"这小子怎么混到家了呢!有什么动静没有呢?"

"没有吗!反正还小得了,这个娄子!"

"那什么,"金先生想好了主意,可是又不愿说出来,"那什么,咱们都打听着点吧。谢谢巡长来送这个信!"

巡长见科长也没主意,心中更乱了,强挣扎着说:"科长可先别声张啊!"

"那自然!一定!放心吧!"金先生急于把巡长支走。

刘巡长前脚出了门,金先生后脚上了车站:三十六着,走为上着,那所房子是他的呀!

过了三天,还没动静,刘巡长下着一万个小心,探了探板子胡同的消息。大门开着,半天也没个人出来。他派了个伙计进去看了看,房子已然空了,南墙根的土有些发松,像是新掘过的,正房的墙上有许多血点。

他找了老冯去。老冯病倒在家里,只告诉了巡长一句话:"巡长,咱们要是早就硬硬的,大利还死不了呢!"

"火" 车

除夕。阴历的，当然；国历的那个还未曾算过数儿。

火车开了。车悲鸣，客轻叹。有的算计着：七，八，九，十；十点到站，夜半可以到家；不算太晚，可是孩子们恐怕已经睡了；架上放着罐头，干鲜果品，玩具；看一眼，似乎听到唤着"爸"，呆呆的出神。有的知道天亮才能到家，看看车上的人，连一个长得像熟人的都没有；到家，已是明年了！有的……车走的多慢！心已到家一百多次了，身子还在车上；吸烟，喝水，打哈欠，盼望，盼望，扒着玻璃看看，漆黑，渺茫；回过头来，大家板着脸；低下头，泪欲流，打个哈欠。

二等车上人不多。胖胖的张先生和细瘦的乔先生对面坐着。二位由一上车就把绒毯铺好，为独据一条凳。及至车开了，而车上旅客并不多，二位感到除夕奔驰的凄凉，同时也微觉独占一凳的野心似乎太小了些。同病相怜：二人都拿着借用免票，而免票早一天也匀不出来。意见相合：有免票的人教你等到年底，你就得等到年底；而有免票的人就是愿意看朋友干着急，等得冒火！同声慨叹：今日的朋友——哼，朋友！——远非昔日可比了，免票非到除夕不撒手，还得搭老大的人情呀！一齐点头：把误了过年的罪过统统归到朋友身上；平常日子借借免票，倒还顺利，单等到年底才咬牙，看人一手儿！一齐没好意思出声：真他妈的！

胖张先生脱下狐皮马褂，想盘腿坐一会儿；太胖，坐不牢；车上也太热，胖脑门上挂了汗："茶房，打把手巾！"又对瘦乔先生："车里老弄这么热干吗？坐飞机大概可以凉爽一点。"

乔先生早已脱去大衣，穿着西皮筒的皮袍，套着青缎子坎肩，并不觉得热："飞机也有免票，不难找；可是，"瘦瘦的一笑。

"总以不冒险的为是！"张先生试着劲儿往上盘两只胖腿，还不易成功。"茶房，手巾！"

茶房——四十多岁，脖子很细很长，似乎可以随时把脑袋摘下来，再安上去，一点也不费事——攥着满手的热毛巾，很想热心服务，可是委屈太大了，一进门便和小崔聊起来："看见了没有？二十七，二十八，连跟了两次车，算计好了大年三十歇班。好，事到临期，刘先生上来了：老五，三十还得跑一趟呀！唉，看见了没有？路上一共六十多伙计，单短我这么一个！过年不过，没什么；单说这股子别扭劲！"长脖子往胖张先生那边探了探，毛巾换了手，揭起一条来，让小崔："擦一把！我可就对刘先生说了：过年不过没什么，大年三十'该'我歇班；跑了一年的车了，恰好赶上这么个巧当儿！六十多伙计，单缺我……"长脖子像倒流瓶儿似的，上下咕噜着气泡，憋得很难过。把小崔的毛巾接过来，才又说出话来："妈的不用混了，不干了，告诉你，事情妈的来得邪！一年到头，好容易……"

小崔的绿脸上泛出一点活儿气来，几乎可以当作笑意；头微微的点着，又要往横下里摇着；很想同情于老五，而决不肯这么轻易地失去自己的圆滑。自车长至老五，连各站上的挂钩的，都是小崔的朋友，他的瘦绿脸便是二等车票，就是闹到铁道部去大概也没人能否认这张特别车票的价值，正如同谁也晓得他身上老带着那么一二百两烟土而不能不承认他应当带着。小崔不能得罪人，对朋友们的委屈他都晓得，可就是不能给任何人太大的脸，而引起别人吃醋。他，谁也不得罪，所以谁也不怕；小崔这张车票——或是绿脸——印着全部人生的智慧。

"×，谁不是一年到头穷忙！"小崔想道出些自家的苦处，给老五一点机会抒散抒散心中的怨恨，像亚里士多德所说的悲剧的效果那样："我还不是这样？大年三十还得跑这么一趟！这还不提，明天，大年初一，妈的还得看小红去！人家初一出门朝着财神爷走，咱去找那个臭×，×！"绿嘴唇咧开，露出几个乌牙；绿嘴唇并上，鼓起，拍，一口吐液，唾在地上。

老五果然忘了些自家的委屈，同病相怜，向小崔颤了颤长脖子，近似善表情的骆驼。毛巾已凉，回去重新用热水浇过；回来，经过小崔的面前，不再说什么，只微一闭眼，尚有余怨。车摇了一下，他身子微偏，把自己投到苟先生身旁。"擦一把！大年三十才动身？"问苟先生，以便重新引起自己的牢骚，对苟先生虽熟，而熟的程度不似对小崔那么高，所以须小小的绕个弯儿。

苟先生很体面，水獭领的青呢大衣还未曾脱去，崭新的青缎子小帽也还在头上，衣冠齐楚，端坐如仪，像坐在台上，等着向大家致词的什么大会主席似的。接过毛巾，手伸出老远，为是把大衣的袖子缩短一些；然后，胳臂不往回蜷，而画了个大半圆圈，手找到了脸，擦得很细腻而气派。把脸擦亮，更显出方头大耳朵的十分体面。只对老五点了点头，没有解释为什么在除夕旅行的必要。

"您看我们这个苦营生！"老五不愿意把苟先生放过去，可也不便再重述刚才那一套，更要把话说得有尺寸，正好于敬意之中带着些亲热："三十晚上该歇，还不能歇！没办法！"接过来手巾："您再来一把？"

苟先生摇了摇头，既拒绝了第二把毛巾，又似乎是为老五伤心，还不肯说什么。路上谁不晓得苟先生是宋段长的亲戚，白坐二等车是当然的，而且要拿出点身分，不能和茶房一答一和的谈天。

老五觉得苟先生只摇了摇头有点发秃，可是宋段长的亲戚既已只摇了头也就得设法认为满意。车又摇动得很厉害，他走着浪木似的走到车中间，把毛巾由麻花形抖成长方，轻巧而郑重的提着两角："您擦吧？"张先生的胖手心接触到毛巾最热的部分，往脸上一捂，而后用力的擦，像擦着一面镜子。"您——"老五让乔先生。乔先生不大热心擦脸，只稍稍的把鼻孔中与指甲里的细腻而肥美的，可以存着也可以不存着的黑物让给了毛巾。

"待会儿就查票，"老五不便于开口就对生客人发牢骚，所以稍微往远处支了一笔："查过票去，二位该歇着了；要枕头自管言语一声。车上没什么人，还可以睡一会儿。大年三十，您二位也在车上过了！我们跟车……无法！"不便说得太多了，看看二位的神气再讲。又递给张先生一把，张先生不愿再卖那么大力量，可是刚推过的短发上还没有擦过，需要擦几把，而头皮上是须用力气的；很勉强，擦完，吐了口气。乔先生没要第二把,怕力气都教张先生卖了,乃轻轻的用刚被毛巾擦过的指甲剔着牙。

"车上干吗弄这么热?!"张先生把毛巾扔给老五。

"您还是别开窗户;一开,准着凉!车上的事,没人管,我告诉您!"老五急转直下的来到本题:"您就说,一年到头跑车,好容易盼着大年三十歇一天,好,得了,什么也甭说了……"

老五的什么也甭说了也一半因为车到了一小站。

三等车下去几个人,都背着包,提着篮,匆匆的往站外走,又忽然犹豫了一下,唯恐落在车上一点什么东西。不下车的扒着玻璃往外看,有点羡慕人家已到了家,而急盼着车再快开了。二等车上没有下去的,反倒上来七八个军人,皮鞋山响,皮带油亮,搭上来四包特别加大的花炮,血红的纸包,印着金字。花炮太大,放在哪里也不合适,皮鞋乱响,前后左右挪动,语气粗壮,主意越多越没有决定。"就平放在地上!"营副发了言。"放在地上!"排长随着。一齐弯腰,立直,拍拍,立正敬礼。营副还礼:"好啦,回去!"排长还礼:"回去!"皮鞋乱响,灰帽,灰裹腿,皮带,一齐往外活动。"快下!"噜——笛声;闷——车头放响。灯光,人影,轮声,浮动。车又开了。

老五似乎有事,又似乎没事,由这头走到那头,看了看营副及排长,又看了看地上的爆竹,没敢言语,坐下和小崔聊起来。他还是抱怨那一套,把不能歇班的经过又述说了一回,比上次更详细满意。小崔由小红说到大喇叭,都是臭×。

老五心中微微有点不放心那些爆竹,又蹓回来。营副已然卧倒,似乎极疲乏,手枪放在小几上。排长还不敢卧倒,只摘了灰帽,拚命的抓头皮。老五没敢惊动营副,老远就向排长发笑:"那什么,我把这些炮放在上面好不好?"

"干吗?"排长正把头皮抓到歪着嘴吸气的程度。

"怕教人给碰了,"老五缩着脖子说。

"谁敢碰?!干吗碰?!"排长的单眼皮的眼瞪得极大而并不威严。

"没关系,"老五像头上压了块极大的石头,笑得脸都扁了,"没关系!您这是上哪儿?"

"找揍!"排长心中极空洞,而觉得应当发脾气。

老五知道没有找揍的必要,轻轻的退到张先生这边:"这就查票了,您哪。"

张先生此时已和乔先生一胖一瘦的说得挺投缘。张先生认识子清,乔先生也认识子清,说起来子清还是乔先生的远亲呢。由子清引出干臣,张先生乔先生又都晓得干臣:坐下就能打二十圈,输掉了脑袋,人家干臣不能使劲摔一张牌,老那么笑不唧儿的,外场人,绝顶聪明。嗯,是去年,还是前年,干臣还娶了个人儿,漂亮,利落!干臣是把手,朋友!

查票:头一位,金箍帽,白净子,板着脸,往远处看。第二位,金箍帽,黑矮子,满脸笑意,想把头一位金箍帽的硬气调剂一下;三等车,二金箍帽的脸都板起;二等车,一板一开;头等车,都笑。第三位,天津大汉,手枪,皮带,子弹俱全;第四位,山东大汉,手枪,子弹,外加大刀。第五位,老五,细长脖挺也不好,缩也不好,勉强向右边歪着。从小崔那边进来的。

小崔的绿脸乌牙早在大家的记忆中，现在又见着了，小崔笑，大家反倒稍觉不得劲。头号金箍帽，眼视远处，似略有感触，把手中银亮的小剪子在腿上轻碰。第二金箍帽和小崔点点头。天津大汉一笑，赶紧板脸，似电灯的忽然一明一灭。山东大汉的手摸了摸帽沿，有许多话要对小崔说，暂且等回儿，眼神很曲折。老五似乎很替小崔难堪，所以须代大家向他道歉："坐，坐，没多少客人，回来说话！"小崔略感孤寂，绿脸上黑了一下，坐下。

　　老五赶到前面去："苟先生！"头号金箍帽觉得老五太张道好事，手早交给苟先生："段长好吧？怎么今天才动身？"苟先生笑，更体面了许多，手退回来，拱起，有声无字说了些什么，客气的意思很可以使大家想象到。二位大汉愣着，怪僵，搭不上话，微觉身分不够，但维持住尊严，腰挺得如板。

　　老五看准了当儿，轻步上前，报告张乔二位先生，查票。接过来，知是免票。乃特别加紧的恭敬。张先生的票退回；乔先生的稍迟，因为票上注明是女性，而乔先生是男子汉，实无可疑。二金箍帽的头稍凑近一处，极快的离开，暗中谅解：除夕原可女变为男。老五双手将票递回，甚多歉意。

　　营副已打呼。排长见查票的来到，急把脚放在椅上，表示就寝，不可惊动。大家都视线下移，看地上的巨炮。山东大汉点头佩服，爆竹真长且大。天津大汉对二号金箍帽："准是给曹旅长送去的！"听者无异议，一齐过去。到了车门，头号金箍帽下令给老五："教他们把炮放到上边去！"二号金箍帽补充上，亦可以略减老五的困难："你给他们搬上去！"老五连连点头,脖子极灵动,口中不说,心里算好:"你们既不敢去说,我只好点头而已;点头与作不作向来相距很远。"天津大汉最为慎重:"准是给曹旅长送去的。"老五心中透亮,知爆竹必不可动。

老五回到小崔那里,由绿脸上的锈暗,他看出小崔需要一杯开水。没有探问,他就把开水拿来。小崔已顾不得表示谢意,掏出来——连老五也没看清——一点什么,右手大拇指按在左手的手心上,左手弯如一弓鞋;咧嘴,脸绿得要透白,有汗气,如受热放芽之洋葱。弓鞋扣在嘴上,微有起落,闭目,唇就水杯,瘦腮稍作漱势;纳气,喉内作响;睁开眼,绿脸上分明有笑纹。

"比饭要紧!"老五歪着头赞叹。

"比饭要紧!"小崔神足,所以话也直爽。

苟先生没法再不脱去大衣。脱下,眼珠欲转而定,欲定而转,一面是想把大衣放在最妥当的地方,一面是展示自己的态度雍重。衣钩太低,挂上去,衣的下半截必窝在椅上,或至出一二小摺。平放在空椅上,又嫌离自己稍远,减少水獭领与自己的亲密关系,亦不能久放在怀中,正如在公众场所不便置妾于膝上。不能决定。眼珠向上转去,架上放着自己的行李十八件:四卷,五篮,二小筐,二皮箱,一手提箱,二瓶,一报纸包,一书皮纸包!一!二!三!四……占地方长约二丈余,没有压挤之虞,尚满意。大衣仍在怀中,几乎无法解决,更须端坐。

快去过年,还不到家!快去过年,还不到家!轮声这样催动。可是跑得很慢。星天起伏,山树村坟集团的往后急退,冲开一片黑暗,奔入另一片黑暗;上面灰烟火星急躁的冒出，后退；下面水点白气流落，落在后边；跑，跑，不喘气，飞驰。一片黑，黑得复杂，过去了；一边黑，黑得空洞，过去了。一片积雪，一列小山，明一下，暗一下，过去了。但是，还慢，还慢，快去过年，还不到家！车上，灯明，气暖，人焦躁；没有睡意，快去过年，还不到家！辞岁，祭神，拜祖，春联，爆竹，饺子，杂拌儿，美酒佳肴，在心里，在口中，在耳旁，在鼻端，刚要笑，转成愁，身在车上，快去过年，还不到家！车外，黑影，黑影，星天起伏，积雪高低，没有人声，没有车马，全无所见，一片退不完，走不尽的黑影，抱着扯着一列灯明气暖的车，似永不撒手，快去过年，还不到家……

张先生由架上取下两瓶白酒来，一边涮茶碗，一边说："弟兄一见如故！咱们喝喝。到家过年，在车上也得过年，及时行乐！尝尝！真正二十年营口原封，买不到，我和一位'满洲国'的大官匀来的。来，杀口！"

乔先生不好意思拒绝，也不好意思就这么接着。眼看着碗，手没处放，心里想主意。他由架上取下个大纸包来，轻轻的打开，里面还有许多小纸包，逐一的用手指摸过，如药铺伙计抓完了药对着药方摸摸药包那样。摸准了三包：干荔枝、金丝枣、五香腐干，都打开，对着酒碗才敢发笑："一见如故！彼此不客气了！"

张先生的胖手捏破了一个荔枝，拍，响得有意思，恰似过年时节应有的响声。看着乔先生喝了一口酒，还看着，等酒已走下去才问："怎样？"

"太好了！"乔先生团着点舌头，似不肯多放走口中的酒香，"太好了！有钱也买不到！"

对喝。相让。慢慢的脸全红起来。随便的说，谈到家里，谈到职业，谈到朋友，谈到挣钱的不易，谈到免票……碗碰了碗，心碰了心，眼中都微湿，心中增多了热气与热烈，不能不慷慨：乔先生又打开一包蜜饯金橘。张先生本也想取下些纸包来，可是看了看酒，"两"瓶，乃就题发挥，消极的表示自家并不吝啬："全得喝上！一人一瓶，一滴也不能剩！这个年过得还真不离呢！酒不醉人；哥儿俩投缘，喝多少也不碍事！干上！"

"我的量可——"

"没的话！二十年的原封，决不能出毛病！大年三十交的朋友，前缘！"

乔先生颇受感动："好，我舍命陪君子！"

小崔也不怎么有点心事似的，谈着谈着老五觉得有到饭车上找点酒食的必要，而让小崔安静的忍个盹儿。"怎么着？饭车上去？"老五立起来，向车里瞭望。

小崔没拾碴儿。老五见苟先生已躺下，一双脚在椅子扶手上仰着，新半毛半线的棕黄色袜子还带着中间那道折儿。张乔二位免票喝得正高兴。营副排长都已睡熟，爆竹静悄而热烈的在地上放着，纸色血红。老五偷偷的奔了饭车去。

小崔团了一团，窝在椅子上，闭上眼，嘴上叼着半截香烟。

张先生的一瓶已剩下不多，解开了钮扣，汗从鬓角流到腮上，眼珠发红舌头已木，话极多。因舌头不利落，所以有些话从横着来。但是心中还微微有点力量，在要对乔先生骂街之际，还能卷住舌头，把乱骂变为豪爽，并非闹酒不客气。乔先生只吞了半瓶，脸可已经青白，白得可怕。掏出烟卷，扔给了张先生一支。都点着了烟。张先生烟在口中，仰卧椅上，腿的下半截悬空，满不在乎。想唱《孤王酒醉》，嗓子干辣无音，用鼻子吐气，如怒牛。乔先生也歪下去，手指夹烟卷，眼直视斜对过的排长的脚，心跳，喉中作嗝，脸白而微痒。

快去过年，还不到家！轮声在张先生耳中响得特别快，轮声快，心跳得快，忽然嗡——，头在空中绕弯，如蝇子盘空，到处红亮，心与物一色，成若干红圈。忽然，嗡声收敛，心盘旋落身内，微敢睁眼，胆子稍壮，假装没事。胖手取火柴，点着已灭了的香烟。火柴顺手抛出。忽然，桌上酒气极强，碗，瓶，几上，都发绿光，飘渺，活动，渐高，四散。乔先生惊醒，手中烟卷已成火焰。抛出烟卷，双手急扑几上，瓶倒，碗倾，纸包吐火苗各色。张先生脸上已满是火，火苗旋转，如舞火球。乔先生想跑，几上火随纸灰上腾，架上纸包仿佛探手取火，火苗联成一片。他自己已成火人，火至眉，眉焦；火至发，发响；火至唇，唇上酒燃起，如吐火判官。

忽然，拍，拍，拍……连珠炮响。排长刚睁眼，鼻上一"双响"，血与火星并溅；起来，狂奔，脚下，身上，万响俱发，如践地雷。营副不及立起，火及全身，欲睁眼，右眼被击碎。

苟先生惊醒，先看架上行李，一部分纸包已烧起，火自上而下，由远而近，若横行火龙，浑身火舌。急起飞智，打算破窗而逃，拾鞋打玻璃，玻璃碎，风入，火狂；水獭领，四卷五篮，身上，都成燃料。车疾走，呼，呼，呼，风；拍，拍，拍，爆竹；苟先生狂奔。

小崔惯于旅行，闻声尚不肯睁眼，火已自足部起，身上极烫，烟土烧成膏；急坐起，烟，炮，火光，不见别物。身上烟膏发奇香，至烫，腿已不能动，渐及上部，成最大烟泡，形如茧。

小崔不能动，张先生醉得不知道动，乔先生狂奔，苟先生狂奔，排长狂奔，营副跪椅上长号。火及全车，硫黄气重，纸与布已渐随爆竹声残灭，声敛，烟浓；火炙，烟塞，奔者倒，跪者声竭。烟更浓，火入木器，车疾走，风呼呼，烟中吐红焰，四处寻出路。火更明，烟白，火舌吐窗外，全车透亮，空明多姿，火舌长曳，如悬百十火把。

车入了一小站，不停。持签的换签，心里说"火"！持灯的放行，心里说"火"！搬闸的搬闸，路警立正，都心里说"火"！站长半醉，尚未到站台，车已过去；及到站台，微见火影，疑是眼花。持签的交签，持灯的灭灯，搬闸的复闸，路警提枪入休息室，心里都存着些火光，全不想说什么。过了一会儿，心中那点火光渐熄，群议如何守岁，乃放炮，吃酒，打牌，天下极太平。

车出站，加速度。风火交响，星花四落，夜黑如漆，车走如长灯，火舌吞吐。二等车但存屋形，火光里实存炭架。火舌左右扑空，似乎很失望，乃前乃后，入三等车。火舌的前面，烟为导军，腥臭焦甜。烟到，火到，"火！火！火！"人声忽狂，胆要裂。人多，志昏，有的破窗而迟疑不肯跳下，有的奔逃，相挤俱仆，有的呆坐，欲哭无声，有的拾起筐篮……乱，怕，无济于事，火已到面前，到身上，到头顶，哭喊，抱头，拍衣，狂奔，跳车……

火找到新殖民地，物多人多，若狂喜，一舌吐出，一舌远掷，一舌半隐烟中，一舌突挺窗外，一舌徘徊，一舌左右联烧，姿体万端，百舌齐舞；渐成一团，为火球，为流星，或滚或飞；又成一片，为红为绿，忽暗忽明，随烟爬行，突裂烟成焰，急流若惊浪；吱吱作响，炙人肉，烧毛发；响声渐杂，物落人嚎，呼呼借风成火阵；全车烧起，烟浓火烈，为最惨的火葬！

又到站，应停。持签的，打灯的，收票的，站岗的，脚行、正站长、副站长、办事员、书记、闲员，都干瞪眼，站上没有救火设备。二等车左右三等车各一辆，无人声，无动静，只有清烟缓动，明焰静燃，至为闲适。

据说事后检尸，得五十二具；沿路拾取，跳车而亡者又十一人。

元宵节后，调查员到。各方面请客，应酬很忙。三日酒肉，顾不及调查。调查专员又有些私事，理应先办，复延迟三日。宴残事了，乃着手调查。

车长无所知，头号金箍帽无所知，二号金箍帽无所知，天津大汉无所知，山东大汉无所知，老五无所知，起火原因不明。各站报告售出票数与所收票数，正相合，恰少六十三张，似与车俱焚，等于所拾尸数。各站俱未售出二等票，二等车必为空车，绝对不能起火。

审问老五，虽无所知，但火起时老五在饭车上，既系二等车的看车夫，为何擅离职守，到饭车上去？起火原因虽不明，但擅离职守，罪有当得，开除示惩！

调查专员回衙复命，报告详细，文笔甚佳。

"大年三十歇班，硬还教我跟车；妈的干不干没多大关系！"老五颤着长脖，对五嫂说。"开除，正好，此处不留爷,自有留爷处!你甭着急,离了火车还不能吃饭是怎着?!"

"我倒不着急,"五嫂想安慰安慰老五,"我倒真心疼你带来那些青韭,也教火给烧了!"

人同此心

他们三个都不想作英雄。年岁,知识,理想,都不许他们还沉醉在《武松打虎》或《单刀赴会》那些故事中;有那么一个时期,他们的确被这种故事迷住过;现在一想起来,便使他们特别的冷淡,几乎要否认这是自己的经验,就好似想起幼年曾经偷过妈妈一毛钱那样。

他们三个都不想作汉奸。年岁,知识,理想,都不许他们随便的跪在任何人的面前。

可是,他们困在了亡城之中。在作英雄与汉奸之间,只还有一个缝子留给他们——把忠与奸全放在一边,低首去作行尸走肉:照常的吃喝,到极难堪的时节可以喝两杯酒,醉了就蒙头大睡。这很省事,而且还近乎明哲保身。

是的,钻到这缝隙中去,的确是没办法中的办法。论力气,三个人凑在一起,不过只能搬起一块石头来。就说能把块石头抛出去,而恰好能碰死一个敌人,有什么用处呢?三个人绝对抵不了成群的坦克车与重炮。论心路,三个人即使能计划出救亡纲要来,而刺刀与手枪时刻的在他们的肋旁;捆赴行刑场去的囚徒是无法用知识自救的。简直无法可想。

王文义是三个中最强壮的一个。差一年就在大学毕业了;敌人的炮火打碎他的生命的好梦。假若他愿意等着文凭与学士的头衔,他便须先承认自己是亡国奴。奴才学士容或有留学东洋的机会,当他把祖宗与民族都忘记了的时候。他把墙上的一面小镜打得粉碎,镜中那对大而亮的眼,那个宽大的脑门,那个高直的鼻子,永将不能被自己再看见,直到国土收复了的一天。忘了祖国与民族?且先忘了自己吧!被暴力征服的人怎能算作人呢?他不想做个英雄,可是只有牺牲了自己才算是认识了这时代给予的责任。这时代意义只能用血去说明。

他把范明力和吴聪找了来,两个都是他的同年级而不同学系的学友。范明力的体格比不上王文义,可也不算怎样的弱。眼睛不大水灵,嘴唇很厚,老老实实的像个中年的教师似的。吴聪很瘦,黄黄的脸,窄胸,似乎有点肺病;眼睛可很有神,嗓音很大,又使人不忍得说他有病。他的神气比他的身体活泼得多。

"有了办法没有?"王文义并没有预备下得到什么满意的回答的希望。反之,他却是想说出他的决定。

范明力把眼皮搭拉下去,嘴角微微往上兜着,作为不便说什么的表示。

"我们逃吧?"吴聪试着步儿说,语声不像往日那么高大,似乎是被羞愧给管束住。

"逃?"王文义低声的问,而后待了半天才摇了摇头:"不,不能逃!逃到哪里去?为什么逃?难道这里不是我们的土地?"

"我也这么问过自己,"吴聪的语声高了些,"我并不一定要逃。我是这么想:咱们死在这里太可惜,而且并没有什么好处。"

"是的,我们是受过高等教育的,可惜;三个人的力量太小，无益。"王文义点着头说。忽然，他立了起来，提高了语声像个演说家想到了些激烈的话似的："可是，亡国奴是没有等级的，一个大学生和一个洋车夫没有丝毫的分别，再从反面来说不愿作亡国奴的也没有等级，命都是一样的，血，没有高低；在为国牺牲上，谁的血洒在地上都是同样的有价值。爱国不爱国，一半是决定于知识，一半是决定于情感。在为民族生存而决斗的时候，我们若是压制着情绪，我们的知识便成了专为自私自利的工具。保护住自己，在这时候，便没有了羞耻。站在斗争的外边，我们便失了民族的同情与共感。去牺牲，绝不仅是为作英雄；死是我们每个人应尽的义务，不是什么特别的光荣。想偷生的人说死最容易，决定去牺牲的人知道死的价值。我不逃，我要在这里死。死的价值不因成就的大小，而是由死的意志与原因，去定重轻。"

"我明白了你的意思！"范明力的厚嘴唇好像是很吃力的样子掀动着。"死不为是急速结束这一生，而是把一点不死的精神传延下去。"

"我再说，"王文义的宽脑门上涨出些红亮的光："我不是什么英雄主义，而是老实的尽国民的责任。英雄主义者是乘机会彰显自己，尽责的是和同胞们死在一块，埋在一块，连块墓碑也没有。"

"好吧，"吴聪把窄胸挺起来，"说你的办法吧！我愿意陪伴着你们去死！"

"我们先立誓！"

吴范二人也都立起来。

"吴聪、范明力、王文义，愿为国家而死，争取民族的永远独立自由;我三人的身体与姓名将一齐毁灭,而精神与正义和平永在人间!"

"永在人间!"吴范一齐应声。

一种纯洁的微笑散布在他们的脸上,他们觉得死最甜蜜,牺牲是最崇高的美丽,全身的血好像花蜜似的漾溢着芬香。他们心平气和的商议着实际的办法。最难决定的——死——已被决定了,他们用不着再激昂慷慨的呼喊,而须把最高的智慧拿出来,用智慧配合着勇敢,走到那永远光明的路上去。他们耳中仿佛听到了微妙的神圣的呼召,所以不慌不怕;他们的言语中有些最美妙的律动。像是回应着那呼召,而从心弦上颤出民族复兴的神乐。

* * *

在驴儿胡同的口上,无论冬夏老坐着一个老婆婆。灰尘仿佛没有扑落过来的胆气,她老是那么干净。穷困没有能征服了她,她那随着年纪而下陷的眼中,永远深藏着一些和悦亲善的光,无选择地露给一切的人。她的职业是给穷人们缝补缝补破鞋烂袜子;眼还没有花,可是手总发颤,做不来细活计了。她的副业是给一切过路人一点笑意,和替男女小学生们,洋车夫们,记着谁谁刚才往南去了,或谁谁今天并没有从这里经过,而是昨天太阳偏西的时候向北去了。这个副业是纯粹义务的,唯一的报酬是老少男女都呼她"好妈妈"。有人说,她本是姓"郝"的。

城陷后,胡同口上好几天没有好妈妈的影儿。大家似乎没理到这件事,因为大家也都没敢出来呀;即使大着胆出来,谁还顾得注意她:国土已丢失,一位老妈妈的存亡有什么可惊异的呢？

可是，她到底又坐在那里了。一切还是那样，但她不能再笑脸迎人。还是那样的一切中却多了一些什么：她所认识的旗子改了颜色，她所认识的人还做着他们的事，拉车的拉车，卖菜的卖菜，可是脸上带着一层羞愧。她几乎不敢再招呼他们。那些男女小学生都不上学了，低着头走来走去，连义勇军进行曲也不再唱。大街上依然有车有马，但是老有些出丧的味儿，虽在阳光之下，而显着悲苦惨淡。

活了六十多岁，她经过多少变乱，受过多少困苦，可是哪一次也不像这次这么使她感到愤恨，愤恨压住了她的和悦，像梦中把手压在了胸上那么难过。她看见了成群的坦克车在马路上跑，结阵的飞机在空中飞旋，整车的我们青年男女捆往敌营去吃枪弹，大批的我们三四十岁的壮汉被锁了去……这些都不足引起她的恨怒，假如这些事底下没有"日本"这两个字。活了六十多年了，她不怀恨任何人，除了日本。她不识字，没有超过吃喝嫁娶穿衣住房的知识，不晓得国家大事，可是她知道恨日本。日本一向是在人们的口中，在她的耳边，在她的心里，久已凑成一块病似的那么可恨。没有理由，没有解释，她恨日本。只有恨日本，她仿佛渺茫的才觉得她还知道好歹，不是个只顾一日三餐的畜生。现在，满天飞的，遍地跑的，杀人的，放火的，都是日本，而日本这两个字已经不许她高声的说出，只能从齿缝唇边挤擦出来。像牛羊在走向屠场时会泪落那样，她直觉的感到不平与不安。

最使她不痛快的，是马路那边站岗的那个兵。她对谁都想和善，可是对这个兵不能笑着点点头。他的长刺刀老在枪上安着,在秋阳下闪着白亮亮的冷光。他的脚是那么宽,那么重,好像唯恐怕那块地会跑开似的死力的踩着。那是"咱们"的地;好妈妈不懂得别的,那块地是谁的她可知道的很清楚,像白布上一个红团不是中国旗那样清楚。她简直不敢再往马路那边看。可是不看还无济于事,那白亮亮的刺刀,宽重的脚,时时在她的心中发光,踩压。

她慢慢觉出点奇怪来:为什么咱们不去揍他呢?揍人,是她一向反对的事,可是现在她觉得揍那个兵,日本兵,是应当的。揍,大家不但不去揍他,反倒躲着他走呀!咱们的那些壮小伙子简直没有心胸,没有志气,没有人味儿!假若她有个儿子,要去揍对面的那个兵,她必定是乐意的,即使母子都为这个而砍了头,也是痛快的。

她不愿再坐在那里,但又舍不得离开:万一在她离开的那会儿,有人来揍那个不顺眼的东西呢!她在那里坐得更久了,那个东西仿佛吸住了她。他简直像个臭虫,可恨,又使她愿意碰见——多咱才有人来用手指抹死他呢!她血液中流着的那点民族的生命力量,心中深藏着的那点民族自由自立的根性,或者使她这样愤怒,这样希望。杀了这个兵有什么用处?她不知道,也不想去思索。她只觉得有他在那里是种羞辱,而羞辱必须洗扫了去。正像个小姑娘到时候就懂得害羞,这位老婆婆为着民族与国土——虽然连这俩名词都不会说——而害羞。凡是能来杀或打这个兵的,她便应当呼之为——容或她会说这个——英雄。她的心目中的英雄不必是什么红胡子蓝靛脸的人物,而是街上来来往往的那些男子,只要他敢去收拾那个兵。在她的心中,在王文义的心中,在一切有血性的人的心中,虽然知识与字汇不同,可是在这时

节都会唱出与这差不多的歌来:

"国土的乳汁在每个人血中,
一样的热烈,一样的鲜红;
每个人爱他的国土如爱慈母,
民族的摇篮,民族的坟墓。
驱出国境,惨于斩首;
在国土上为奴,终身颤抖,
是灵魂受着凌迟,
啊,灵魂受着凌迟!"

她等着,等着那英雄,那平凡而知道尽责任的英雄。啊,那兵又换班了,一来一去,都是那么凶恶。啊,大队从南向北而去了,刺刀如林,闪亮了全街。啊,飞机又在头上了,血红的圆光在两翅上,污辱着青天。我们的英雄啊,怎么还不来?还不来?老妈妈的盼祷,也就是全民族的呼声吧?

老妈妈等了许多天,还没把那英雄等来。可是她并不灰心,反倒加紧的盼望,逢人便低声地打听:"咱们怎样了呢?"那洋车夫与做小买卖的之中也有会看报的,说给她一些消息。可是那些消息都是日本人制造出来的,不是攻下这里,便是打到某处。那些地名是好妈妈一向没听到过的,但是听过之后,她仿佛有些领悟:"咱们的地真大!"同时,她就更盼望那件事的实现:"咱们怎不过去打他呢?哪怕是先打死一个呢?"她的针尖顺着拉线的便利,指了指马路那边。"好妈妈,你可小心点!"人们警告她。她揉揉老眼,低声地说:"他不懂我们的话,他是鬼子!"

好消息来了!拉车的王二拿着双由垃圾堆上拾来的袜子,请好妈妈给收拾一下。蹲在她旁边,他偷偷说:"好妈妈,今天早上我拉车到东城,走到四牌楼就过不去了,鬼子兵把住了街道,不准车马过去。听说我们两个小伙子,把他们的一车炸弹全烧完,还打死他们五六个兵!"王二把挑起的大指急忙收在袖口中,眼瞭了马路那边一下,刚碰到刺刀的光亮就收了回来。"俩小伙子都没拿住,"他的声音更低了些,可是更有力了些。"吃过饭,我又绕回去,那里还不准过人呢!听说那俩小伙子是跑进一家小肉铺去,跑进去就没影儿啦。好妈妈,你看肉铺的人也真有胆子,敢把俩小伙子放走!我们有骨头的,好妈妈?"

好妈妈几天没用过的笑容,由心中跳到脸上。"要是有人敢打那边的那个东西,我就也敢帮忙,你信不信?"

"我怎么不信?我要有枪,我就敢过去!好妈妈你别忙,慢慢的咱们都把他们收拾了!有了一个不怕死的,接着就有十个,一百个,一千个,是不是,对不对?"王二十分困难地把语声始终放低。"你看,鱼市上木盆里养着鳝鱼,必须放上一两条泥鳅。鳝鱼懒得动,日久就臭了。泥鳅爱动,弄得鳝鱼也得伸伸腰。我就管那俩小伙子比作我们的泥鳅,他们一动,大家伙儿都得动。好妈妈?"

"谁说不是!我在这儿等着,说不定明天就有人来打他,"随着"他"字。好妈妈的针又向外指了指。"他要是倒在那儿,我死了也痛快!我不能教小鬼子管着!"

第二天,好妈妈来得特别的早,在遇上熟人之前,已把笑容递给了红红的朝阳。

可是一直到过午,并没有动静。"早晚是要来的!"她自言自语地说。

都快到收活的时候了,来了个面生的小伙子,大眼睛,宽脑门,高鼻子。他不像个穷人,可是手中拿着双破袜子。好妈妈刚要拿针,那个小伙子拦住了她。"明天我来取吧,不忙,天快黑了。回家吗?一块儿走?来,我给拿着小筐!"

一同进了驴儿胡同,少年低声的问:"这条胡同里有穿堂门没有?"

好妈妈摇摇头,而后细细的端详着他。看了半天,她微微一笑:"我知道你!"

"怎么?"少年的眼亮得怪可怕。

"你是好人!"好妈妈点头赞叹。"我告诉你,这里路南的第十个门,有个后门,可是没法打穿堂儿,那是人家的住宅呀。"

少年没有言语。好妈妈慢慢的想出来:

"行!我要准知道你什么时候来,我可以托咐倒脏土的李五给你们开开门。"

少年还没有言语。

"你的心,我的心,都是一样!"老妈妈抬头望了望他。

"什么意思?"

"我说不明白!"好妈妈笑了。"你是念书的人吧?"

青年点了点头。

"那你就该懂得我的话。"好妈妈的脸上忽然非常的严肃起来:"告诉我,你明天什么时候来?我不会卖了你!"

"我明天早晨八点来!"

"就是卖杏茶的周四过来的时候?"

"好!卖杏茶的过来,那个门得开开!"

"就是!"

"你知道我要干什么?"

"知道!"

"啊?"

"知道!你的心,我的心,都是一样!"

次日,好妈妈早早就到了。她坐了好像一年的样子,才听到周四尖锐的嗓音渐渐由远而近:"杏儿——茶哟。"好妈妈的手哆嗦起来,眼睛钉住那边的刺刀尖——一个小白星似的。"杏儿——茶哟。"周四就快到她面前了,她的眼几乎不能转动,像黏在了刺刀尖上。忽然,直像一条黑影儿,由便道上闪到马路边的一棵柳树后,紧跟着,枪响了,一声两声。那个兵倒在了地上。南边北边响了警笛。那条黑影闪进了驴儿胡同。倒在地上的兵立了起来,赶过马路这边。南边北边的"岗",也都赶到,像作战的蚂蚁似的,匆忙的过了句话,都赶进胡同中去。好妈妈停止了呼吸。等了许久许久,那些兵全回来了,没有那个少年,她喘了口气,哆嗦着拿起那双袜子来,头也不愿再抬一抬。

也就是刚四点钟吧,她想收活回家,她的心里堵得慌,正在这么想,取袜子的来了!她几乎不肯相信自己的眼睛!愣了一会儿,她把袜子递给他。他蹲在一旁,看着袜子,低声的问:"早晨我打死他没有。"

好妈妈微微一摇头。"他装死儿呢,一会儿就爬起来了。"

"嗽!下回得用炸弹!"他一边说着,一边掏出一块钱的票子来:"妈妈和李五分吧。"

"留着用吧,我不要!"好妈妈摆了摆手。"你要是有枪啊。给王二一支，他也愿意干。"

"有的是人，妈妈！"

"你姓什么呢？"

"暂时没有姓名，"少年立起来，把袜子和钱票都塞在衣袋里，想了想："啊，也许永久没有姓名！再见，妈妈！"

"哎，下回来，打准一点！"好妈妈的心里又不堵得慌了。

*　　　　　*　　　　　*

他们三个又坐在一处，互相报告着工作，并且计划着以后的办法。

范明力的厚嘴唇仿佛更厚了些，增加了沉默刚毅的神气。吴聪的窄胸似乎已装不下那些热气，挺着细脖，张着点嘴，像打鸣的鸡似的。他——不像范明力——有点按不住他的得意，越想两三日来的成绩越高兴。王文义不得意，也不失望，而是客观地批判着：

"咱们的成功与失败都没关系，唯一的好处是把未死的人心给激动起来了。咱们的心，大家的心，都并差不很多。我们只是作了应该作的事，至多也不过是先走了一步而已。好吧，我们商量明天的事；就热打铁，教这座城必定变成敌人的坟墓！"

杀　狗

灯灭了。宿舍里乱哄了一阵儿,慢慢的静寂起来。没光亮,没响声,夜光表的针儿轻轻地凑到一处,十二点。

杜亦甫本没脱去短衣,轻轻地起来,披上长袍。夜里的春寒教他不得已地吸了一下鼻子。摸着洋蜡,点上,发出点很懒惰无聊的光儿。他呆呆的看着微弯的烛捻儿:慢慢的,羞涩的,黑线碰到了蜡槽,蜡化开一点,像个水仙花心;轻轻炸了两声,水仙花心散化在一汪儿油里;暗了一会儿,忽然想起它的责任来似的,放出一支蜡所应供给的全份儿光亮。杜亦甫痛快了一些。

转身,他推醒周石松。周石松慢慢的坐起来,蜷着腿,头支在膝上,看着那支蜡烛。

"我叫他们去!"杜亦甫在周石松耳边轻轻地说。

不大的工夫,像领着两个囚徒似的,杜亦甫带进一高一矮两位同学来,高的——徐明侠——坐在杜的床上,矮的——初济辰——坐在周的枕旁。周石松似乎还没十分醒好。大家都看着那微动的烛光,一声不响,像都揣着个炸弹似的,勇敢,又害怕,不敢出声。杜亦甫坐在屋中唯一的破藤椅上,压出一点声音来。

周石松要打哈欠,嘴张开,不敢出声,脸上的肉七扭八折的乱用力量,几乎怪可怕。杜亦甫在藤椅上轻轻扭动了两下,看着周石松的红嘴慢慢的并拢起来,才放了心。

徐明侠探着头,眼睛睁得极大,显出纯洁而狡猾,急切的问:"什么事?"

初济辰抬着头看天花板,态度不但自然,而且带出点傲慢狂放来,他自居为才子。

"有紧要的事!"杜亦甫低声的回答。

周石松赶紧点头,表示他并不傻。更进一步的为表示自己精细,他问了句:"好不好把毯子挂上,遮住灯光;省得又教走狗们去报告?"

谁也没答碴儿,初才子嗤的笑了一声,像一个水点落在红铁上。

杜亦甫又在椅子上扭动了一下。他长得粗眉大眼,心里可很精细;他的精细管拘住他的热烈,正像个炸弹,必须放在极合适的地方才好爆发。大学二年级的学生,功课,能力,口才,身体,都不坏。父亲是国术馆的教师,有人说杜亦甫也有些家传的武艺,他自己可不这么承认;为使别人相信,他永远管国术叫作:"拿好架子,等着挨揍。"他不大看得起他的父亲,每逢父子吵了嘴,他很想把老人叫作"挨揍的代表",可是决不对别人公然这么说。

夜间十二点,他们常开这样的小组会议。夜半,一豆灯光,语声低重,无论有无实际的问题来讨论,总使他们感到兴奋,满意。多少多少不平与不满意的事,他们都可以在这里偷偷的用些激烈的言语来讨论,想办法。他们以为这是把光藏在洞里。不久,他们会炸破这个洞,给东亚放起一把野火来,使这衰老的民族变成口吐火焰的怪兽。他们兴奋,恐惧,骄傲,自负,话多,心跳得快。

杜亦甫是这小团体的首领。"有紧要的事！"他又说了一句。看大家都等待着他解释，他向前探了探身，两脚妥实的踩在地上，好使他的全身稳当有力："和平就是屈服，我们不能再受任何人的骗！刀放在脖子上——是的，刀已经放在我们的脖子上了——闭眼的就死，还手的生死不定。丧去生命才有生命，除了流血没有第二条路，没有！我们不能坐以待毙，去预备流血，给自己造流血的机会！我们是为流血而来的！"

"假如我们能造成局部的惨变，"周石松把被子往上拉了拉，"而结果只是局部的解决了，岂不是白流自家的血，白死一些好人——"

"糊涂人！"初才子矫正着。

"啊，糊涂人，"周石松心中乱了一些。"我说，岂不是，没用，没多大的用？"

徐明侠的眼中带着点泪光，看着杜亦甫，仿佛已知道杜亦甫要说什么，而欢迎他说。

杜亦甫要笑一下，可是极快的想起自己是首领，于是拿出更郑重的样子，显出只懂得辩驳，而一点也不小看人："多一个疮口就多使人注意点他的生命。一个疮，因为能引起对全身的注意，也许就能救——能救！不是能害——一条命！一个民族也如是！我们为救民族，得给它去造疮口！"

"由死亡里学会了聪明！"初济辰把手揣到袖子里去。

徐明侠向杜亦甫点头，向初才子点头，眼睛由这个看到那个，轻送着泪光，仿佛他们的话都正好打在他的心坎上，只有佩服，同情，说不出来话。

周石松对着烛光愣起来。

"老周你先不必怕!"徐明侠也同情于老周,但是须给他一点激动。

"谁怕?谁怕?"周石松的脸立刻红了一块,语声超出这种会议所允许的高度。"哪回事我落在后边过?难道不许我发言吗?"

"何必呢,老周?"杜亦甫的神气非常的老到,安详,恳切:"你顾虑得对!不过——"

"有点妇人之仁!"初才子极快的接过去。

"不准捣蛋!"杜亦甫镇吓着初济辰。

周石松不再说什么。

"谁也知道,"杜亦甫接入了正文,"战争需要若干若干准备,不是专凭人多就能致胜的。不过,说句不科学的话,勇气到底还是最要紧的。勇气得刺激起来,正如军事需要准备。军事准备了没有?准备了什么?我们不知道。也许是真正在准备,也许是骗人。我们可是一定能作刺激起勇气的工作。造出流血的机会,使人们手足无措,战也死,不战也死,于是就有了战的决心。我们能作这个,应作这个,马上就得去作这个!局部的解决,也好,因为它到底是一个疮。人们不愿全身因此溃烂,就得去想主意!"

说罢,杜亦甫挺起身来,两脚似有千斤沉重,平放在地上。皱着粗眉,大眼呆呆的看着烛光,似乎心中思念已空,只有热血在身上奔流。

"是不是又教我拟稿,发传单?"初才子问。

"正是又得劳驾!"杜亦甫听出来才子话中的邪味,可是用首领所应有的幽默,把才子扣住:"后天大市有香会,我们应去发些传单。危险的事,也就是去造流血的机会。教巡警抓去呢，没关系；若是和敌人们碰了头，就必出乱子——出乱子是我们的目的。大家都愿意？"

周石松首先举起手来。

徐明侠随着举起手，可是不十分快当；及至把手举好，就在空中放了好大半天。

"我去拟稿，不必多此一'举'了吧？"初才子轻轻地一笑。

"通过！"杜亦甫的脸上也微带出一点笑意。"初，你去拟稿子，明天正午交卷。老周你管印刷，后天清早都得印好。后天九点，一齐出发。是这样不是？"

徐明侠连连点头。

"记得好像咱们发过好几次传单了，并没流过血？"初济辰用眼角撩了杜一下。

"那——"杜亦甫极快的想起一句话，到嘴边上又忘了。

"大而引起流血，小而散散我们的闷气，都好！事情没有白做了的！"徐明侠对杜亦甫说。

杜亦甫没找回来刚才忘掉的那一句，只好勉强的接过来徐明侠的："事情没有白做了的，反正有传单就有人看。什么——"

"啊——哈——"周石松的哈欠吞并了杜亦甫的语声。

"嗤！"徐明侠把食指放在唇上，"小点声！走狗们，"没说下半句，他猫似的跑到屋门那里，爬下去，耳朵贴着地，听了听。没听到什么，轻快地跑回来："好像听见有脚步声！"

"福尔摩斯！"初才子立起来："提议散会。"

杜亦甫拉了初济辰一把，两步跑到屋门那里，轻轻推开门，向外探着头，仔细的看了看："没人，散会；别忘了咱们的事!"

徐、初,轻轻的走出去。

周石松一下子钻进被窝去,蒙上了头。

杜亦甫独自呆看着蜡烛,好大半天;吹灭了蜡,随着将灭未灭的那一线余光,叹了口气。

躺下之后,他睡不着。屋里污浊的空气,夹杂着蜡油味,像可以摸到的一层什么油腻,要蒙在他的脸上,压住他的胸口,使他出不来气。想去开开窗子,懒得起来。周石松的呼声,变化多端,使人讨厌而又惊异。

起初他讨厌这个呼声,慢慢地转而羡慕周石松了——吃得饱,睡得熟,傻傻糊糊的只有一个心眼。他几乎有点恨自己不那么简单;是的,简单就必能直爽,而直爽一定就会快乐。

由周石松想到了初济辰——狂傲,一天到晚老把头扬到云里去。也可羡慕!狂傲由于无知,也许由于豪爽;无论怎说吧,初才子也快乐,至少比自己快乐。

想不出徐明侠那高个子有什么特点,也看不出他快乐不快乐。为什么?是不是因为徐明侠不那么简单,豪爽呢?自己是不是和徐害着一路病呢?

不,杜亦甫绝不能就是徐明侠。徐明侠有狡猾的地方,而自己,凭良心说,对谁向来不肯掏坏。那么,为什么自己不快乐呢?不错,家事国事天下事,没有一样足以使一个有志的青年打起精神,去笑一笑的。可是,一天到晚憋着一口丧气,又有什么用处呢?一个有作为的人,恐怕不专凭着一张苦脸而能成功吧?战士不是笑着去成仁取义么?

是不是自己根本缺乏着一点什么,一点像生命素的东西？想到这里，他把头藏在被子里去。极快的他看见了以前所作过的事，那些虚飘，薄小像一些懒懒的雪花儿似的事，他的头更深藏了些，他惭愧，不肯再教鼻子吸到一些凉气，得闻着自己身上的臭味。那些事，缺乏着点什么，不能说，不能说，对不起那些事，对不起人，也对不起自己！他的头上见了汗！

睡吧，不要再想！再说，为什么这样小看自己呢？他的头伸出来，吸了一口凉气。睁着眼看屋中的黑暗，停止住思索。不久，心中松通了一些，东一个西一个的念头又慢慢的零散的浮上来，像一些春水中的小虫，都带着一点生气。为什么小看自己呢？那些事不是大学生所应作的么？缺乏着点什么，大家所作的不都缺乏着什么吗？那些事不见得不漂亮，自己作的不见得不出色，还要怎样呢？干吗不快乐呢？

心里安静了许多，再把头藏进去，暖气围着耳鼻，像钻入一间温室里去似的。他睡着了。

胡梦颠倒：一会儿，他梦见自己在荒林恶石之间，指挥着几百几千几万热血的男儿作战，枪声响成一片，如同夜雨击打着秋叶。敌人退了，退了；追！喊声震天，血似的，箭似的，血箭似的，一边飞走一边向四外溅射着血花。忽然，四面八方全是敌人，被包围起来，每个枪口都红红的向着他，每个毒狠凶恶的眼睛都看着他；枪口，眼睛，红的，白的，一点一点，渐渐的联成几个大圈，绕着他乱转。他的血凉起来，生命似藏在一把汗里，心里堵得难过，张开嘴要喊，喊不出来。醒了，迷迷糊糊的，似醒非醒，胸口还觉得发堵，身上真出了汗。要定神想一想，心中一软似的又睡去了。似乎是个石洞里，没有一点光，他和周石松都倒捆双臂，口中堵着使人恶心的一块什么东西。洞里似乎有蝙蝠来回扇着腥而凉的风,洞外微微的有些脚步响。他和周,都颤抖着,他一心的只盼望着父亲来救他们,急得心中发辣。他很惭愧,这样不豪横,没骨气,想求救于父亲的那点本事!但是,只有这个思念的里边含着一点希望……不是石洞了,他面对面的与父亲坐在一处,十分讨厌那老人,头脑简单,不识字,在国术馆里学来一些新名词,都用在错的地方!对着父亲,他心里觉得异常的充实,什么也不缺欠,缺欠都在父亲身上呢。

隐隐的听到起床钟,像在浓雾里听到散落的一两声响动似的。好似抱住了一些什么贵重的东西,弯着腰,蜷着腿,他就又睡着了。隐隐的又听到许多声音,使他厌恶,他放肆的骂出一些什么,把手伸出来,垫在脑袋底下;醒了。太阳上来老高,屋中的光亮使他不愿睁眼,迷迷糊糊的,懒懒的。乱七八糟的,记得一角儿梦景,不愿去细细追想,心中怪堵得慌,不是蟞着一点什么,就是缺乏着一点什么,说不清。打了极长的两个哈欠,大泪珠像虫儿似的向左右轻爬,倒还痛快。

起来,无聊;偶尔的误一两堂功课,不算什么;倒是这么无事可作,晃晃悠悠的,有些别扭。到外边散散步去。春风很小很尖,飕人们的脑子;可是墙角与石缝里都悄悄的长出细草芽,还不十分绿,显着勇敢而又乖巧似的。他很想往远处蹓蹓,腿可是不愿意动,那股子别扭劲儿又回来了,又觉到心中缺乏着一点什么东西,一点不好意思承认而又不能不承认的什么东西。他把手揣在袖子里,低着头,懒散的在院中走,小风很硬的撩着他的脑门儿。

刚走出不远,周石松迎面跑了来,跑得不快,可是样子非常的急迫。到了杜亦甫面前,他张开嘴,要说什么,没有说出来,脸上硬红硬白的像是受了极大的惊恐。

"怎了?"杜亦甫把手伸下去,挺起腰来。

"上岸了,来了,我看见了!"周石松的嘴还张着,但是找不到别的话说。

"谁?"

"屋里去说!"周石松没顾得杜亦甫怎样,拿起腿就跑,还是小跑着,急切而不十分的快。快到宿舍了,他真跑起来。

杜亦甫莫名其妙的在后面跟着,跑也不好,不跑也不好,十分的不好过;他忽然觉得周石松很讨厌,不定是什么屁大的事呢,就这样见神见鬼的瞎闹。到了屋里,他几乎是含着怒问:

"到底怎回事?"

"老杜,你不是都已经知道?"周石松坐在床沿上,样子还很惊慌。

"我知道什么?"杜亦甫瞪着眼问。

"昨天夜里,"周石松把声音放低,赶紧立起来,偏着头向杜亦甫低切的嘀咕:"昨天夜里你不是说刀已经放在脖子上了?你怎会不知道?!"

"我什么也不知道,真不知道!你要不说。我可就还出去绕我的弯儿,我觉得身上不大合适,不精神!"杜亦甫坐在了破藤椅上,心中非常的不耐烦。

"好吧,你自己看吧!"周石松从袋中掏出不大的一张"号外"来,手哆嗦着,递给了杜亦甫。把这张纸递出去,他好像觉得除去了块心病似的,躺在床上,眨巴着眼睛看杜亦甫。

几个丑大的黑字像往杜亦甫的眼里飞似的,刚一接过报来,他的脸就变了颜色。这几个大字就够了,他安不下心去再细看那些小的。"老周,咱们的报纸怎么说,看见了吗?"

"看见了,一字没提!"

"一字没提?一字没提。"杜亦甫眼看着号外,可并没看清任何一字。"那么这个消息也许不确,造空气吓人。"

"我看见了!亲眼看见了!"周石松坐起来,嘴唇有些发干似的,直用舌尖来回舐。"铁甲车,汽车,车上的兵都抱着枪,枪口朝外比画着!我去送徐明侠。"

"他上哪儿?"

"回家,上汽车站!"周石松的脸红得很可怕。"这小子!他知道了,可一声儿也不出,像个会掏坏的狗熊似的,轻轻的,人不知鬼不觉的逃走了。他没说什么,只求我陪他上趟街;他独自不敢出去!及至到了汽车站,他告诉我给他请两天假,还没说别的。我独自往回走,看见了,看见了,原来是这么回事!我急忙回来找你,你必有办法;刀真搁在脖子上了,我们该怎办呢?"

杜亦甫不想说话,心中很乱,可是不便于愣起来,随便的说了声:"为什么呢?"

"难道你没看见那些字?我当是你预先知道这回事,想拚上命呢!拿来,我念!"他从杜亦甫的手里抢过号外来,急忙的舐了下嘴唇:

"特务机关报告:'祸事之起,起于芝麻洲大马路二十一弄五十二号。此处住有我侨商武二郎,年五十六岁,独身,此人养德国种狼狗一条:性别,雌;毛色灰黄;名,银鱼。

银鱼于二月前下小狗一窝：三雄一雌，三黄一黑，均肥健可喜。不幸，一周前，黑小狗在门外游戏，被人窃去。急报芝地警所，允代寻觅，实则敷衍无诚意。武二郎乃急来特务机关报告，即遣全部侦探出发寻查。第一日无所获，足证案情之诡密严重。翌日清晨，寻得黑小狗于海滨，已死。黑小狗直卧海滨，与早潮成丁字形，尾直伸，时被浪花所掩，为状至惨！面东向，尚睁二目，似切盼得见朝阳者。腹胀如鼓，项上有噬痕，显系先被伤害，而后掷入水中者，岸沙上有足迹。查芝地养犬者共有一万三千五百六十二家，其中有四千以上为不满半岁之小狗，二千以上为哈巴狗，均无咬毙黑小狗之能力。此外，则均为壮实大犬，而黑小狗之伤痕实为此种大犬所作。乃就日常调查报告，检出反抗我国之激烈分子，蓄有巨犬，且与武二郎为邻者，先加以侦察。侦察结果，得重要嫌疑犯十人，即行逮捕拷问，所蓄之犬亦一并捉到。此十人者，既系激烈分子，当然狡猾异常，坚不吐实。为促其醒悟，乃当面将十巨犬枪决。芝地有俗语：鸡犬不留；故不惜杀狗以警也。狗血四溅，此十人者仍顽抗推赖。同时，芝地官吏当有所闻，而寂寂无一言，足证内疚于心，十人身后必有广大之背景。设任其发展，则黑小狗之血将为在芝我国国民之前导，由犬及人，国人危矣！"周石松念的很快，念完，头上见了汗："为了一只小狗！"

"往下念！"杜亦甫低着头，咬着牙。

"没什么可念的了，左不是兵上岸，来屠杀，来恐吓，来肃清激烈人物与思想，来白找便宜！"周石松几乎是喊着。"我们怎办呢？流血的机会不用我们去造，因为条狗——哼！狗——就来到了！"他的声音仿佛噎住了他的喉，还有许多话，但只能打了两个极不痛快的嗝儿。

"老初呢？"杜亦甫无聊的，想躲避着正题而又不好意思楞起来，这么问了一声。看周石松没回答，他搭讪着说："我找他去。"

不大的工夫，杜和初一同进来。初济辰的头还扬着，可是脸色不大正，一进门，他向周石松笑了笑，笑得很不自然。

"你都知道了，老初？"周石松想笑，没能成功，他的脸上抽动了两下，像刚落上个苍蝇那样。

没等初济辰开口，杜亦甫急忙的说："老初，别再瞎扯，咱们得想主意！徐明侠已经溜了，咱们——"

"我听天由命！"初济辰眼看天花板，手揣在袖子里。"据我看呢，战事决不会有，因为此地的买卖都是他们的，他们开炮就轰了他们自己的财产建设，绑去像你我这样的一些人，羞辱一场，甚至杀害几个，倒许免不了的。他们始终以为我们仇视他们，只是几个读过书的人所耍弄的把戏，把这几个激烈分子杀掉或镇吓住，就可以骑着我们脖子拉屎，而没人敢出一声了。我等着就是了，我自己也许有点危险，战争是不会有的，不会！"

"你呢？老杜？"周石松看初才子软下去，气儿微索了些。"我听你的，你说去硬碰，我随着。老初说不会有战事，我看要是有人硬碰，大概就不会和平了结。你昨天说的对，和平就是屈服，只为了一条狗，一条狗；这么下去还有完吗？"

杜亦甫低下头去，好大半天没说出话来。一点也不用再疑惑了，他心中承认了自己的的确确缺乏着一点什么，这点缺欠使他撑不起来昨天所说的话。他抬不起头来，不能再辩论，在两个同志面前，除了承认自己的缺欠，别无办法。这极难堪，可是究竟比再胡扯与掩饰要强的多！他的嘴唇动了半天，直到眼中湿了，才得到张开的勇气："老初！老周！咱们也躲一躲吧！这，这，"他的泪落下来。

周石松的心软，眼圈也红了。他有许多话要质问杜亦甫，每句话都得使杜亦甫无地自容，所以他一句也不说了。他觉得随着杜亦甫一同去死或一同去逃，是最对得住人的事，不愿再问应死还是应逃的道理。不好意思对杜亦甫说什么，他转过来问初济辰："你呢？"

"你俩要是非拉着我不可呢，就一同走；反之，我就在这儿死等，等死！"初济辰又笑了笑。

"还有人上课吗？"杜亦甫问，眼撩了外边一下。

"有！"初济辰回答："大家很镇定！"

"街上的人也并不慌，"周石松找补上。

"麻木不仁！"杜亦甫刚说出这个，马上后悔了，几乎连头皮全红了起来。

初济辰把要说的话咽了下去。

仿佛为遮羞，杜亦甫提议："上我家去，好不好？一时哪能找到合适的地方？家里窄蹩一点，可是。"

"先不用忙吧，我看，"初济辰很重的说。"搜查是可能的，可是必在夜里，他们精细得要命：昨天夜里，也就是三点来钟吧，我醒了，看走廊的灯也全灭了，心中很纳闷。起来，我扒着窗子往外看，连街上也没了灯亮。往上运军火呢，必是。他们白天用枪口对着你，运军火可得灭了灯。精细而矛盾。可是，无论怎说吧，他们总想精细就是了。我们若是有走的必要,吃完晚饭再去,决不迟。在这后半天,我们也好采采消息,看看风头,也许事情还不至于那么严重,谁知道。"

"对!"杜亦甫点了点头,可是问了周石松一句:"你呢?"

"怎办都好,我听你们的!假若你们说去硬碰,"看了杜亦甫一眼,他把话打住了。

后半天的消息越来越坏了,什么样的谣言也有,以那专为造谣惑乱人心的"号外"为主,而随地的补充变化。学校的大钟还按时候敲打,可是课堂上没有多少人了。街上的铺户也还照旧的开着,连买的带卖的可都有点不安的神气。大家都不慌,不急,不乱,只是无可如何的等着一些什么危险。不幸,这点危险要是来到头上呢,谁也没办法,没主意。在这种不安,无可如何,没办法的心境中,大家似乎都希望着侥幸把事情对付过去,在半点钟内若是没有看见铁甲车的影子,大家的心就多放下一点去。

可是,消息越来越坏。连见事比较明彻的初济辰也被谣言给弄得撑不住劲儿了。他几乎要放弃他所观察到的,而任凭着感情去分担大家的惊恐与乱想。

周石松还有胆子到外面买"号外",他把最坏的消息给杜亦甫带了来:"矫正以往的因循!断然的肃清破坏两国亲善的分子!"这类的标题都用丑肿的大字排印出来,这些字的本身仿佛就能使人颤抖。捕了谁去,没有登载,但无疑的已经有大批的人被捕。这,教杜亦甫担心他的父亲。要捕人,国术馆是必得照顾到的,它一向是眼中的钉,不因为它实际上有什么用处,而是因为它提倡武艺,"提倡"就是最大的罪名。杜亦甫飞也似的去打电话，国术馆的电话已经不通。无疑的，一定出了事，极快的，由父亲想到了自己；父亲若是已经被捕，自己便也很难逃出去；人家连狗的数目调查得都那么清楚，何况是人呢，何况是大学学生呢，又何况是学生中的领袖呢！他愤恨，切齿，迷乱，没办法。他只想跺着脚痛骂一场，哪怕是骂完了便千刀万剐呢，也痛快。这是还有太阳的世界么！这是个国家么！问谁呢？没人能回答他，只有热血足以洗去这种污辱！怎么去流血呢？

"老周！"他喊了声："我——我——"嗓子像朵受了热气的花似的，没有一点声响便软下去。

"怎样？"周石松问。

待了好大半天，杜亦甫自言自语的："没办法！"

一直到晚餐的时候，杜亦甫没有出屋门。他背着手在屋里来回走，有时候也躺在床上一会儿，心中不断的思索：一会儿他想去拚命，这不是人所能忍受的，拚了命，也许一点好处没有，但究竟是自己流了血，有一个敢流血的就不能算国里没有人。一会儿他又往回想，白死有什么用处，快意一时，拿自己这一点点血洒在沙漠上，连点血痕也留不下吧？他思索，一刻不停的思索，越想越乱，越不得主意。他仍然不肯承认他害怕，可是无论怎样也找不到去干点什么的勇气。

草草的扒搂进去两口饭，他急忙的又跑回宿舍来，好像背后追随着个鬼似的。天黑了，到了该走的时候。可是父亲设若已被拿去，家里怎能是安全的地方呢？在学校里？初济辰说的对，晚上必定来捉人！天黑一点，他的心便紧一点，他没想到过自己会能这样的慌张，外边的黑影好像直往前企扈,要把他逼到墙根去,慢慢的把他挤死。

好容易初济辰和周石松都来了,他的胸中松了一口气。怎办呢?初和周都没主意,而且很有留在校里的勇气。他不能逼着他们走,他既是说不出地方来。往外边看了一眼,院中已黑得可怕。初济辰躺在了周石松的床上,半闭着眼仿佛想着点什么事。周石松坐在破藤椅上,脸上还有点红,可是不像白天那么慌张了。杜亦甫靠窗子立着,呆呆的看着外面的黑暗。待了一会儿,把黑暗看惯了,他心中稍微舒服了一些。那大片的黑暗包着稀疏的几点灯光,非常的安静。黑得仿佛有些近于紫茸茸的,好像包藏着一点捉摸不定而可爱的什么意思或消息,像古诗那么纯朴,静恬,含着点只能领略而道不出的意思。心中安静了一些,他的想象中的勇气又开始活动。他想象着:自己握着一把手枪,哪怕是块石头呢也好,轻手蹑脚的过去,过去,一下子把个戴铁盆的敌人打得脑浆迸裂!然后,枪响了,火起来,杀,杀,无论老幼男女全出来厮杀,即使惨败,也是光荣的,伟大的人民是可杀而不可辱的!

正这么想着,一道白闪猛孤仃的把黑暗切成两块,像从天上落下一把极大的白刃。探海灯!白光不动,黑影在白光边上颤动,好似刚杀死的牲口的肉那样微动。忽然,极快的,白光硬挺挺的左右摆动了两下,黑影几乎来不及躲避,乱颤了几下,无声的,无可如何的,把地位让给了白光。忽然,白光改为上下的动,黑影默默的,无可如何的任着戏弄;白光昂起,黑影低落;白光追下来,黑影躲到地面上,爬伏着不动。一道白光,又一道白光,又一道白光,十几条白光一齐射出,旋转,交叉,并行,冷森森,白亮亮,上面遮住了星光,下面闪扫着楼房山树,狂傲的,横行的,忽上忽下,忽左忽右,忽然联成一排,协力同心的扫射一圈,把小小的芝麻洲穿透,照通,围起来,一块黑,一块白,一块黑,一块白,一切都随现随灭,眩晕,迷乱,在白光与黑影中乱颤乱晃。

一道光闪到了杜亦甫的窗上,稍微一停,闪过去了;接着又是一道,一停,又过去了。他扶住了窗台,闭上了眼。

周与初全立起来,呆呆的看着,等着,极难堪的,不近情理的等着,期待着。可怕,可爱,这帝国主义舞场的灯光拿山与海作了舞台,白亮亮的四下里寻找红热的血。黑的海,黑的山,黑的楼房,黑的松林,黑的人物,全潜伏着,任凭这几条白光来回的详细的找合适的地方,好轰炸与屠杀。

等着,等着,可是光不再来了,黑暗,无聊,只有他们三人的眼里还留着一点残光,不很长,不很亮,像月色似的照在窗上。初济辰先坐下了。杜亦甫极慢的转过身来,看了周石松一眼,周石松像极疲乏了似的又坐在藤椅上。杜亦甫用手摸到了床,坐下,舔了舔嘴唇。

老久,谁也没话可讲,心中都想着刚才那些光的游戏与示威。忽然,初济辰大声的笑起来,不知道为什么,他只觉得一阵颤动,全身都感到痛快。笑够了,他并上嘴;忘了,那阵笑好像已经是许久以前的事了。

"我一点也不恼你,我真可笑!"杜亦甫低着头说。

"他没笑你,老杜!"周石松很欢迎有人说句话。

初济辰没言语,像是没听见什么似的。

"不管他笑我没有,我必须对你们俩说出来,要不然我就憋闷死了!"杜亦甫把头抬起来,看着他们。"我无须多说什么，只有俩字就够了：我怯！"

"以卵击石，勇敢也是愚昧！"初济辰笑了笑。

"即使你说的一点不错，到底我还是怯！"杜亦甫的态度很自然了，像吃下一料泻药，把心中的虚伪全打净了似的。

"我也说不上我是怯，还是勇，反正我就是没主意！"周石松也微笑了一下。

全不再言语了，可是不再显着寂寞与难堪，好像彼此已能不用言语传达什么，而能默默的互相谅解。

他们就那么坐了一夜。

第二天，消息缓和了许多。杜亦甫回了家。他急于要看看父亲，不管父亲是受了惊没有，也并不是要尽什么孝道，而几乎是出于天真一点什么，和小孩受了欺侮而想去找父亲差不多。平日他很看不起父亲，到现在他还并没把父亲的身分提高多少，不过他隐隐的似有一点希冀，想在父亲身上找出一些平日被他忽略了的东西。这点东西，假若能找到，仿佛就能教他有一种新的希望，不只关乎他们父子，而几乎可以把整个民族的问题都拉扯在内。这样的拉扯是可笑的，可是他一时像迷了心窍似的，不但不觉得可笑，反而以为这是个最简单切近方便的解决问题的方法。只须一见到父亲，他就马上可以得到个"是"或"不"；不管是怎样，得到这个回答，他便不必再悬着心了。

他不愿绕着弯儿去原谅自己，可也不愿过火的轻看自己，把事情拉平了看，他觉得他的那点教育使他会思索，会顾虑，会作伪，所以胆小。他得去拿父亲证实了这个。父亲不识字，不会思索顾虑与作伪，那么就天然的应当胆粗气壮。可是，父亲到底是不是这样呢？假若父亲是这样，那么，他便可以原谅自己，而且得到些希望。这就是说，真正有骨气的倒是那不识字的人们，并不必等着几个读书人去摇旗呐喊才挺起胸来——恰恰和敌人们所想的相反。果然要是这样，这是个绝大的力量。反之，那便什么也不用再说，全民族统统是挨揍的货了！他得去看父亲，似乎民族兴亡都在这一看中。可笑，谁管，他飞也似的回了家。

只住着楼上两间小屋，屋外有个一张桌子大小的凉台，杜老拳师在凉台上坐着呢。一眼看到儿子，他赶紧立起来，喊了声："你来了？正要找你去呢！"

杜亦甫一步跳三层楼梯，一眨眼，微喘着立在父亲跟前。他找不到话讲，可是心中极痛快，自自然然的看着父亲：五十七八岁，矮个子；圆脸，黑中透亮，两眼一大一小，眼珠都极黑极亮，微笑着，两只皮糙骨硬的手在一块搓着："想你也该来了！想你也该来了！坐下！"把椅子让给了杜亦甫，老人自己愿意立着。杜亦甫进去，又搬出一把椅子来。父子都坐下，老人还搓着手："差点没见着你，春子！"他叫着儿子的乳名："我让他们拿去了！"老人又笑了，一大一小的俩眼眨巴的很快。

"没受委屈？"杜亦甫低声的问。

"那还有不受委屈的？"老人似乎觉得受委屈是可笑的事，又笑了。"你看，正赶上我值班，在馆里过夜。白天本听到一些谣言，这个的，那个的，咱也没往心里去。不到十点钟我就睡了，你知道我那间小屋？墙上挂着单刀，墙角立着花枪？一躺下我就着了。大概有十二点吧，我听见些动静，可没大研究，心里说，国术馆还能闹贼？我刚要再睡，我的门开了，灯也捻着了，一看，是伙计王顺。王顺干什么?我就问。王顺没言语,往后一闪身,喝,先进来一对刺刀。我哈哈的笑起来了,就凭一对刺刀,要我的命还不大老容易;别看我是在屋子里!紧跟着刺刀,是枪,紧跟着枪,是一对小鬼子,都戴着小铁盆,托着枪冲我来了。我往后望望,后边还有呢,都托着枪,戴着小铁盆。我心里就一研究,我要是早知道了信,我满可以埋伏在门后边,就凭我那口刀,进来一个宰一个,至少也宰他们几个。我太晚了,十几支快枪把我挤在床上,我连伸手摸刀的工夫也没有哇。我看了看窗户,也不行,洋窗户,上下都扣着呢,我跑不了。好了,研究不出道儿来,我就来文明的吧,等着好了,看他们把我怎样了!幸而我老穿着裤褂睡觉,摸着大棉袍就披上了,一语不发。进来一个咱们的人,狗娘养的,汉奸!他教我下来,跟着走。我没言语,只用手背一撩,哼,那小子的右脸上立刻红了一块。他一哎哟,刺刀可就把我围上了,都白亮亮的,硬梆梆的,我看着他们,不动,也不出声。那些王八日的唧里骨碌不知说了些什么,那个狗娘养的捂着脸又过来了,教我下来,他说到院里就枪毙了我。我下来了,狗娘养的赶紧退出老远,怕我的手背再撩他。一个王八日的指了指我的刀,狗娘养的教我抱着刀,他说:抱着你的刀,看你的刀能救了你的命不能。这是成心耍弄我,我知道;好,我就抱着我的刀。往外走吧,脊背上,肋条上,全是刺刀,我只要一歪身,大概就得有一两把插到肉里去。我挺着胸,直溜溜地走。走到院里,我心里说,这可到了回老家的时候了。我那会儿,谁也没想,倒是直想你,春子。我心里就这么研究,王八日的杀了我,我有儿子会报仇呀。"老人笑了笑,缓了口气,亲热的看了儿子一眼。"反正咱们和王八日的们是你死我活，没个散儿。我不识文断字，可是我准知道这个。果不其然，到院里那个狗娘养的奉了圣旨似的教我跪下。我不言语，也不跪下，心里说，开枪吧，小子们，把你太爷打成漏勺，不用打算弯一弯腿！两个王八日的看我不跪，由后面给了我两枪靶子，哼，心里说，你俩小子还差点目的，太爷不是这么容易打倒的。见我不倒，一个王八日的，也就是像你离我这么远儿，托起枪来，瞄我的胸口，我把胸挺出去。啪！响了。连我都纳闷了，怎么还不倒下呢？那些王八羔子们笑起来，原来是空枪，专为吓吓我。王八羔子们杀人，我告诉你，春子，决不痛痛快快的，他们拿你当个小虫子，翻来覆去地揉搓你，玩够了再杀；所以我看见他们就生气，他们狠毒，又坏！"老人不笑了，连那只小一点的眼也瞪起来，似乎是从心里憎恶那些王八羔子们。

"那个狗娘养的又传了圣旨，"老人接着说，"带回去收拾，反正早晚你得吃上一颗黑枣。我还是不言语，我研究好了，就是不出一声，咱们谁得手谁杀，用不着费话；是不是，春子？"

杜亦甫点了点头，没有话可说。

"出了大门，"老人又说下去："他们还好，给我预备的大汽车，就上了车。还抱着刀，我挺着腰板，教他们看看，太爷是没得手，没能把刀切在你们脖子上，好吧，你们的枪子儿我也不怕！你们要得了我的命，可要不了我的心气；这是一口气，这口气由我传给我的儿子孙子，永远不能磕膝盖儿着土！我这么研究好了，就看他们的瞄准吧！到了个什么地方，黑灯瞎火的我也没看清是哪里。这里听不见别的，齐噔咯噔的净是皮鞋响。他们把我圈在一间小屋里，我就坐在地板上闭眼养神，等着枪毙。我没有别的事可想，就是恨我的刀没能出鞘。他们人多，枪多，我不必挣蹦，白费力气干吗。我等着好了，死到临头，我得大大方方的，皱皱眉就不算练过工夫。是不是，春子？"

杜亦甫又点了点头。

"待了不知好久，"老人又搓起双手来，仿佛要表演出那时怎样的不耐烦。"他们把我提到一间大厅上去，灯光很亮，人也不少，坐的是官儿，立着的是兵。他们又教我跪下，我还是不出声，也不跪。磨烦了半天，他们没有了主意，刺刀可就又戳在我胸口上，我不动，纹丝不动，眼皮连抬也不抬；哼，杀剐随便，我就是不能弯腿！慢慢的，刺刀挪开了，他们拿出一张字纸来教我看，我闭上了眼。我那天夜里就说了一共这么三个字：'不认字！'他们问我那些字——他们管它叫什么'言'呀，我记不清了——什么意思？我不出声。又问，那是我画的押，签的名，不是？我还是不出声。我心里说，这回真该杀我了，痛快点吧！我犯了什么罪？没有。凭什么他们有生杀之权？没道理。我就这么寻思着，他们无缘无故地杀了我，我的儿孙以后会杀他们，这叫作世仇。我一点也不怕呢，我可就怕后辈忘了这点事儿。俗语说的好，冤仇应解不应结，可那得看什么事，就这么胡杀乱砍呀，这点仇不能白白的散了！这并不是我心眼小，我是说，人生在世不能没骨头，骑着脖子拉屎，还教我说怪香的，我不能！你看，果然，他们又把枪举起来了，我看见过，甭吓唬谁！他们装枪子，瞄准儿，装他妈的王八羔子，气派大远了去啦。其实，用不着，我不怕，你可有什么主意呢？比画了半天，哼，枪并没放。又把我送回小屋里去了。什么东西!今个天亮的时候,他们也不是怎么,把我放了,还仿佛怪客气的,什么玩艺儿!我不明白这是哪一出戏,你来的时候,我还正研究呢。一句话抄百总吧,告诉你,春子,咱们得长志气,跟他们干,这个受不了!我不认字,不会细细的算计,我可准知道这么个理儿,只要挺起胸脯不怕死,谁也不敢斜眼看咱们!去泡壶茶喝好不好?"

杜亦甫点了点头。

兔

一

许多人说小陈是个"兔子"。

我认识他,从他还没作票友的时候我就认识他。他很瘦弱,很聪明,很要强,很年轻,眉眼并不怎么特别的秀气,不过脸上还白净。我和他在一家公司里共过半年多的事,公司里并没有一个人对他有什么不敬的态度与举动;反之,大家都拿他当个小兄弟似的看待:他爱红脸,大家也就分外的对他客气。他不能,绝对不能,是个"兔子"。

他真聪明。有一次,公司办纪念会,要有几项"游艺",由全体职员瞎凑,好不好的只为凑个热闹。小陈红着脸说,他可以演戏,虽然没有学过,可是看见过;假若大家愿意,他可以试试。看过戏就可以演戏,没人相信。可是既为凑热闹,大家当然不便十分的认真,教他玩玩吧,唱好唱坏有什么关系呢。他唱了一出《红鸾喜》。他的嗓子就和根毛儿似的那么细,坐在最前面的人们也听不见一个字,可是他的扮相,台步,作派,身段,没有一处不好的,就好像是个嗓子已倒而专凭作工见长的老伶,处处细腻老到。他可是并没学过戏!无论怎么说吧,那天的"游艺"数着这出《红鸾喜》最"红",而且掌声与好儿都是小陈一个人得的。下了装以后,他很腼腆的,低着头说:"还会打花鼓呢,也并没有学过。"

不久,我离开了那个公司。可是,还时常和小陈见面。那出《红鸾喜》的成功,引起他学戏的兴趣。他拜了俞先生为师。俞先生是个老票友,也是我的朋友;五十多岁了,可是嗓子还很娇嫩,高兴的时候还能把胡子剃去,票出《三堂会审》。俞先生为人正直规矩,一点票友们的恶习也没有。看着老先生撅着胡子嘴细声细气的唱,小陈红着脸用毛儿似的小嗓随着学,我觉得非常有趣,所以有时候我也跟着学几句。我的嗓子比小陈的好得多,可就是唱不出味儿来,唱着唱着我自己就笑了,老先生笑得更厉害:"算了吧,你听我徒弟唱吧!"小陈微微一笑,脸向着墙"喊"了几句,声音还是不大,可是好听。"你等着,"老先生得意的对我说,"再有半年,他的嗓子就能出来!真有味!"

俞先生拿小陈真当个徒弟对待,我呢也看他是个小朋友,除了学戏以外,我们也常一块儿去吃个小馆,或逛逛公园。我们两个年纪较大的到处规规矩矩,小陈呢自然也很正经,连句错话也不敢说。就连这么着,俞先生还时常的说:"这不过是个玩艺,可别误了正事!"

二

小陈,因为聪明,贪快贪多,恨不能一个星期就学完一出戏。俞先生可是不忙。他知道小陈聪明,但是不愿意教他贪多嚼不烂。俞先生念字的正确,吐音的清楚,是票友里很少见的。他愣可少教小陈学几个腔儿，而必须把每个字念清楚圆满了。小陈，和别的年轻人一样，喜欢花哨。有时候，他从留音机片上学下个新腔，故意的向老先生显胜。老先生虽然不说什么，可是心中不大欢喜。经过这么几次，老先生可就背地里对我说了："我看哪，大概这个徒弟要教不长久。自然喽，我并不要他什么，教不教都没多大关系。我怕的是，他学坏了，戏学坏了倒还是小事，品行，品行……不放心！我是真爱这个小人儿，太聪明！聪明人可容易上当！"

我没回答出什么来，因为我以为这一半由于老先生的爱护小陈，一半由于老先生的厌恶新腔。其实呢，我想，左不是玩玩罢咧，何必一定叫真儿分什么新旧邪正呢。我知道我顶好是不说什么，省得教老先生生气。

不久，我就微微的觉到，老先生的话并非过虑。我在街上看见了小陈同着票友儿们一块走。这种票友和俞先生完全不同：俞先生是个规规矩矩的好人，除了会唱几句，并没有什么与常人不同的地方。这些票友，恰相反，除了做票友之外，他们什么也不是。他们虽然不是职业的伶人，可也头上剃着月亮门，穿张打扮，说话行事，全像戏子，即使未必会一整出戏，可是习气十足，我把这个告诉给俞先生了，俞先生半天没说出话来。

过了两天，我又去看俞先生，小陈也在那里呢。一看师徒的神气，我就知道他们犯了拧儿。我刚坐下，俞先生指着小陈的鞋，对我说："你看看，这是男人该穿的鞋吗？葡萄灰的，软帮软底！他要是登台彩排，穿上花鞋，逢场作戏，我决不说什么。平日也穿着这样的鞋，满街去走，成什么样儿呢？"

我很不易开口。想了会儿,我笑着说,"在苏州和上海的鞋店里,时常看到颜色很鲜明,样式很轻巧的男鞋;不比咱们这儿老是一色儿黑,又大又笨。"原想这么一说,老先生若是把气收一收,而小陈也不再穿那双鞋,事儿岂不就轻轻的揭过去了么。

可是,俞先生一个心眼,还往下钉:"事情还不这么简单,这双鞋是人家送给他的。你知道,我玩票二十多年了,票友儿们的那些花样都瞒不了我。今天他送双鞋,明天你送条手绢,只要伸手一接,他们便吐着舌头笑,把天好的人也说成一个小钱不值。你既是爱唱着玩,有我教给你还不够,何必跟那些狐朋狗友打联联呢?! 何必弄得好说不好听的呢?!"

小陈的脸白起来,我看出他是动了气。可是我还没想到他会这么暴烈,愣了会儿,他说出很不好听的来了:"你的玩艺都太老了。我有工夫还去学点新的呢!"说完,他的脸忽然红了;仿佛是为省得把那点腼腆劲儿恢复过来,低着头,抓起来帽子,走出去,并没向俞老师弯弯腰。

看着他的后影,俞先生的嘴唇颤着,"啵"了两声。

"年轻火气盛,不必——"我安慰着俞先生。

"哼,他得毁在他们手里!他们会告诉他,我的玩艺老了,他们会给他介绍先生,他们会蹭弄他'下海',他们会死吃他一口,他们会把他鼓捣死。可惜!可惜!"

俞先生气得不舒服了好几天。

三

小陈用不着再到俞先生那里去,他已有了许多朋友。他开始在春芳阁茶楼清唱,春芳阁每天下午有"过排",他可是在星期日才能去露一出。因为俞先生,我也认识几位票友,所以星期日下午若有工夫,我也到那里去泡壶茶,听三两出戏;前后都有熟人,我可以随便的串——好观察小陈的行动。

就是在这个时候,开始有人说他是"兔子"。我不能相信。不错,他的脸白净,他唱"小嗓";可是我也知道他聪明,有职业,腼腆;不论他怎么变,决不会变成个"那个"。我有这个信心,所以我一边去观察他的行动,也一边很留神去看那些说他是"那个"的那些人们。

小陈的服装确是越来越匪气了,脸上似乎也擦着点粉。可是他的神气还是在腼腆之中带着一股正气。一看那些给他造谣的,和捧他的,我就明白过来:他打扮,他擦粉,正和他穿那双葡萄灰色的鞋一样,都并不出于他的本心,而是上了他们的套儿。俞先生的话说得不错,他要毁在他们手里。

最惹我注意的,是个黑脸大汉。头上剃着月亮门,眼皮里外都是黑的,他永远穿着极长极瘦绸子衣服,领子总有半尺来高。

据说,他会唱花脸,可是我没听他唱过一句。他的嘴里并不像一般的票友那样老哼唧着戏词儿,而是念着锣鼓点儿,嘴里念着,手脚随着轻轻的抬落;不用说,他的工夫已超过研究耍腔念字，而到了能背整出的家伙点的程度，大概他已会打"单皮"。

这个黑汉老跟着小陈，就好像老鸨子跟着妓女那么寸步不离。小陈的"戏码"，我在后台看见，永远是由他给排。排在第几出，和唱哪一出，他都有主张与说法。他知道小陈的嗓子今天不得力，所以得唱出歇工儿戏；他知道小陈刚排熟了《得意缘》，所以必定得过一过。要是凑不上角儿的话，他可以临时去约。赶到小陈该露了，他得拉着小陈的手，告诉他在哪儿叫好，在哪儿偷油，要是半路嗓子不得力便应在哪个关节"码前"或"叫散"了。在必要的时候，他还递给小陈一粒华达丸。拿他和体育教员比一比，我管保说，在球队下场比赛的时候那种种嘱告与指导，实在远不及黑汉的热心与周到。

等到小陈唱完，他永远不批评，而一个劲儿夸奖。在夸奖的言词中，他顺手儿把当时最有名的旦角加以极厉害的攻击：谁谁的嗓子像个"黑头"，而腆着脸硬唱青衣！谁谁的下巴有一尺多长，脊背像黄牛那么宽，而还要唱花旦！这种攻击既显出他的内行，有眼力，同时教小陈晓得自己不但可以和那些名伶相比，而且实在自己有超过他们的地方了。因此，他有时候，我看出来，似乎很难为情，设法不教黑汉拉着他的手把他送到台上去，可是他也不敢得罪他；他似乎看出一些希望来，将来他也能变成个名伶；这点希望的实现都得仗着黑汉。黑汉设若不教他和谁说话，他就不敢违抗，黑汉要是教他擦粉，他就不敢不擦。

我看，有这么个黑汉老在小陈身旁，大概就没法避免"兔子"这个称呼吧？

小陈一定知道这个。同时,他也知道能变成个职业的伶人是多么好的希望。自己聪明,"说"一遍就会;再搭上嗓子可以对付,扮相身段非常的好;资格都有了,只要自己肯,便能伸手拿几千的包银,干什么不往这条路上走呢!什么再比这个更现成更有出息呢?

要走这条路,黑汉是个宝贝。在黑汉的口中,不但极到家的讲究戏,他也谈怎样为朋友家办堂会戏,怎样约角,怎样派份儿,怎样赁衣箱。职业的,玩票的,"使黑杵的",全得听他的调动。他可以把谁捧起来,也可以把谁摔下去;他不但懂戏,他也懂"事"。小陈没法不听他的话,没法不和他亲近。假若小陈愿意的话,他可以不许黑汉拉他的手,可是也就不要再到票房去了。不要说他还有那个希望,就是纯粹为玩玩也不能得罪黑汉,黑汉一句话便能教小陈没地方去过戏瘾,先不用说别的了。

四

有黑汉在小陈身后,票房的人们都不敢说什么,他们对小陈都敬而远之。给小陈打鼓的决不敢加个"花键子";给小陈拉胡琴的决不敢耍坏,暗暗长一点弦儿;给小陈配戏的决不敢弄句新"搭口"把他绕住,也不敢放胆的卖力气叫好而把小陈压下去。他们的眼睛看着黑汉而故意向小陈卖好,像众星捧月似的。他们绝不会佩服小陈——票友是不会佩服人的——可是无疑的都怕黑汉。

假如这些人不敢出声,台底下的人可会替他们说话;黑汉还不敢干涉听戏的人说什么。

听戏的人可以分作两类：一类是到星期六或星期日偶尔来泡壶茶解解闷，花钱不多而颇可以过过戏瘾。这一类人无所谓，高兴呢喊声好，不高兴呢就一声不出或走出去。另一类人是冬夏常青，老长在春芳阁的。他们都多知多懂。有的玩过票而因某种原因不能再登台，所以天天上茶楼来听别人唱，专为给别人叫"倒好"，以表示自己是老行家。有的是会三句五句的，还没资格登台，所以天天来熏一熏，服装打扮已完全和戏子一样了，就是一时还不能登台表演，而十分相信假若一旦登台必会开门红的。有的是票友们的亲戚或朋友，天天来给捧场，不十分懂得戏，可是很会喊好鼓掌。有的是专为来喝茶，不过日久天长便和这些人打成一气，而也自居为行家。这类人见小陈出来就嘀咕，说他是"兔子"。

只要小陈一出来，这群人就嘀咕。他们不能挨着家儿去告诉那些生茶座儿：他是"兔子"。可是他们的嘀咕已够使大家明白过来的了。大家越因好奇而想向他们打听一下，他们便越嘀咕得紧切，把大家的耳朵都吸过来一些；然后，他们忽然停止住嘀咕，而相视微笑，大家的耳朵只好慢慢的收回去，他们非常的得意。假若黑汉能支配台上，这群人能左右台下，两道相逆的水溜，好像是，冲激那个瘦弱的小陈。

这群人里有很年轻的，也有五六十岁的。虽然年纪不同，可一律擦用雪花膏与香粉，寿数越高的越把粉擦得厚。他们之中有贫也有富，不拘贫富，服装可都很讲究，穷的也有个穷讲究——即使棉袍的面子是布的。也会设法安半截绸子里儿；即使连里子也得用布，还能在颜色上着想，衬上什么雪青的或深紫的。他们一律都卷着袖口，为是好显显小褂的洁白。

大概是因为忌妒吧,他们才说小陈是"兔子";其实据我看呢,这群人们倒更像"那个"呢。

小陈一露面,他们的脸上就立刻摆出一种神情,能伸展成笑容,也能缩敛成怒意;一伸,就仿佛赏给了他一点世上罕有的恩宠;一缩,就好像他们触犯帝王的圣怒。小陈,为博得彩声,得向他们递个求怜邀宠的眼色。连这么着,他们还不轻易给他喊个好儿。

赶到他们要捧的人上了台,他们的神情就极严肃了,都伸着脖儿听;大家喊好的时候,他们不喊;他们却在那大家不注意的地方,赞叹着,仿佛是忘形的,不能不发泄的,喝一声彩,使大家惊异,而且没法不佩服他们是真懂行。据说,若是请他们吃一顿饭,他们便可以玩这一招。显然的,小陈要打算减除了那种嘀咕,也得请他们吃饭。

我心里替小陈说,何必呢!可是他自有他的打算。

五

有一天,在报纸上,我看到小陈彩排的消息。我决定去看一看。

当然黑汉得给他预备下许多捧场的。我心里可有准儿,不能因为他得的好儿多或少去决定他的本事,我要凭着我自己的良心去判断他的优劣。

他还是以做功讨好,的确是好。至于唱工,凭良心说,连一个好儿也不值。在小屋里唱,不错,他确是有味儿;一登台，他的嗓子未免太窄了，只有前两排凑合着能听见，稍微靠后一点的，便只见他张嘴而听不见声儿了。

想指着唱戏挣钱，谈何容易呢！我晓得这个，可是不便去劝告他。黑汉会给他预备好捧场的，教他时时得到满堂的彩，教他没法不相信自己的技艺高明。我的话有什么用呢？

事后，报纸上的批评是一致的。都说他可以比作昔年的田桂凤。我知道这些批评是由哪儿来的，黑汉哪能忘下这一招呢。

从这以后，义务戏和堂会就老有小陈的戏码了。我没有工夫去听，可是心中替他担忧。我晓得走票是花钱买脸的事，为玩票而倾家荡产的并不算新奇；而小陈是个穷小子啊。打算露脸，他得有自己的行头，得找好配角，得有跟包的，得摆出阔架子来，就凭他，公司里的一个小职员？难！

不错，黑汉会帮助他；可是，一旦黑汉要翻脸和他算清账怎么办呢？俞先生的话，我现在明白过来，的确是经验之谈，一点也非过虑。

不久，我听说他被公司辞了出来，原因是他私造了收据，使了一些钱。虽说我俩并非知己的朋友，我可深知他绝不是个小滑头。要不是被逼急了，我相信他是不会干出这样丢脸的事的。我原谅他，所以深恨黑汉和架弄着小陈的那一群人。

我决定去找他，看看我能不能帮助他一把儿；几乎不为是帮助他，而是借此去反抗黑汉，要从黑汉手中把个聪明的青年救出来。

六

小陈的屋里有三四个人，都看着他作"活"呢。因为要省点钱，凡是自己能动手的，他便自己作。现在，他正作着一件背心，戏台上丫环所穿的那种。大家吸着烟，闲谈着，他一声不出的，正往背心上粘玻璃珠子——用胶水画好一大枝梅花，而后把各色的玻璃珠粘上去，省工，省钱，而穿起来很明艳。

我进去，他只抬起头来向我笑了笑，然后低下头去继续工作，仿佛是把我打入了那三四个人里边去。我既不认识他们，又不想跟他们讲话，只好呆呆的坐在那里。

那些人都年纪在四十以上，有的已留下胡子。听他们所说的，看他们的神气，我断定他们都是一种票友。看他们的衣服，他们大概都是衙门里的小官儿，在家里和社会上也许是很热心拥护旧礼教，而主张男女授受不亲的。可是，他们来看小陈作活。他们都不野调无腔，谈吐也颇文雅，只是他们的眼老溜着小陈，带出一点于心不安而又无法克服的邪味的笑意。

他们谈话儿，小陈并不大爱插嘴，可是赶到他们一提起某某伶人，或批评某某伶人的唱法，他便放下手中的活，皱起点眉来，极注意的听着，而后神气活似黑汉，斩钉截铁地发表他的意见，话不多，可是十分的坚决，指出伶人们的缺点。他并不为自己吹腾，但是这种带着坚固的自信的批判，已经足以显出他自己的优越了。他已深信自己是独一无二的旦角，除了他简直没有人懂戏。

好容易把他们耗走，我开始说我所要说的话，为省去绕弯，我开门见山的问了他一句："你怎样维持生活呢？"

他的脸忽然的红了，大概是想起被公司辞退出来的那点耻辱。看他回不出话来，我爽性就钉到家吧："你是不是已有许多的债？"

他勉强的笑了一下，可是神气很坚决："没法不欠债。不过，那不算一回事，我会去挣。假如我现在有三千块钱，作一批行头，我马上可以到上海去唱两个星期，而后，"他的眼睛亮起来，"汉口、青岛、济南、天津，绕一个圈儿；回到这儿来，我就是——"他挑起大指头。

"那么容易么？"我非常不客气地问。

他看了我一眼，冷笑了一下，不屑于回答我。

"是你真相信你的本事，还是被债逼得没法不走这条路呢？比如说，你现在已欠下某人一两千块钱，去做个小事儿决不能还上，所以你想一下子去搂几千来，而那个人也往这么引领你，是不是？"

想了一会儿，犹豫了一下，咽了一口气，没回答出什么来。我知道我的话是钉到他的心窝里。

"假若真像我刚才说的。"我往下说，"你该当想一想，现在你欠他的，那么你要是'下海'，就还得向他借。他呢，就可以管辖你一辈子，不论你挣多少钱，也永远还不清他的债，你的命就交给他了。捧起你来的人，也就是会要你命的人。你要是认为我不是吓唬你，想法子还他的钱，我帮助你，找个事作，我帮助你，从此不再玩这一套。你想想看。"

"为艺术是值得牺牲的！"他没看我，说出这么一句。

这回该我冷笑了。"是的,因为你在中学毕业,所以会说这么一句话,一句话,什么意思也没有。"

他的脸又红了。不愿再跟我说什么,因为越说他便越得气馁;他的岁数不许他承认自己的错误。他向外边喊了一声:"二妹!你坐上一壶水!"

我这才晓得他还有个妹妹,我的心中可也就更不好过了;没再说什么,我走了出去。

七

"全球驰名,第一青衫花旦陈……表演独有历史佳剧……"在报纸上,街头上,都用极大的字登布出来。我知道小陈是"下了海"。

在"打炮"的两天前,他在东海饭店招待新闻界和一些别的朋友。不知为什么,他也给了我张请帖。真不愿吃他这顿饭,可是我又要看看他,把请帖拿起又放下好几回,最后我决定去看一眼。

席上一共有七八十人,有戏界的重要人物,有新闻记者,有捧角专家,有地面上的流氓。我没大去注意这些人们,我仿佛是专为看小陈而来的。

他变了样。衣服穿得顶讲究,讲究得使人看着难过,像新娘子打扮得那么不自然,那么过火。不过,这还不算出奇;最使人惊异的是右手的无名指上戴着个钻石戒指,假若是真的,须值两三千块钱。谁送给他的呢?凭什么送给他呢?他的脸上分明的是擦了一点胭脂,还是那么削瘦,可是显出点红润来。有这点假的血色在脸上,他的言语动作仿佛都是在作戏呢;他轻轻的扭转脖子,好像唯恐损伤了那条高领子;他偏着脸向人说话,每说一句话先皱一下眉,而后嘴角用力的往上兜,故意的把腮上弄成两个小坑儿。我看着他,我的脊背上一阵阵的起鸡皮疙瘩。

可是,我到底是原谅了他,因为黑汉在那里呢。黑汉是大都督,总管着一切:他拍大家的肩膀,向大家嘀咕,向小陈递眼色,劝大家喝酒,随着大家笑,出来进去,进去出来,用块极大的绸子手绢擦着黑亮的脑门,手绢上抖出一股香水味。

据说,人熊见到人便过去拉住手狂笑。我没看见过,可是我想象着那个样子必定就像这个黑汉。

黑汉把我的眼睛引到一位五十来岁的矮胖子身上去。矮胖子坐首席,黑汉对他说的话最多,虽然矮胖子并不大爱回答,可是黑汉依然很恭敬。对了,我心中一亮,我找到那个钻石戒指的来路!

再细看,我似乎认识那个胖脸。啊,想起来了,在报纸和杂志上见过:楚总长!楚总长是热心提倡"艺术"的。

不错,一定是他,因为他只喝了一杯酒,和一点汤,便离席了。黑汉和小陈都极恭敬的送出去。再回到席上,黑汉开始向大家说玩笑话了,仿佛是表示:贵人已走,大家可以随便吧。

吃了一道菜,我也溜出去了。

八

楚总长出钱,黑汉办事。小陈住着总长的别墅,有了自己的衣箱,钻石戒指,汽车。他只是摸不着钱,一切都由黑汉经手。

只要有小陈的戏,楚总长便有个包厢,有时候带着小陈的妹妹一同来;看完戏,便一同回到别墅,住下。小陈的妹妹长得可是真美。

楚总长得到个美人,黑汉落下了不少的钱,小陈得去唱戏,而且被人叫做"兔子"。

大局是这么定好了,无论是谁也无法把小陈从火坑里拉出来了。他得死在他们手里,俞先生一点也没说错。

九

事忙,我一年多没听过一次戏。小陈的戏码还常在报纸上看到,他得意与否可无从知道。

有一次,我到天津办一点事,晚上独自在旅馆里非常的无聊,便找来小报看看戏园的广告。新到的一个什么"香",当晚有戏。我连这个什么"香"是男是女也不晓得,反正是为解闷吧,就决定去看看。对于新起来的角色,我永远不希望他得怎样的好,以免看完了失望,弄一肚子别扭。

这个什么"香"果然不怎么高明,排场很阔气,可是唱做都不够味儿；唱到后半截儿，简直有点支持不下去的样子。唱戏是多么不容易的事呢，我不由的想起小陈来。

正在这个时候，我看见了黑汉。他轻快地由台门闪出来，斜着身和打鼓的说了两句话，又轻快地闪了进去。

哈！又是这小子！我心里说。哼，我同时想到了，大概他已把小陈吸干了，又来耍这个什么"香"了！该死的东西！

由天津回来，我遇见了俞先生，谈着谈着便谈到了小陈，俞先生的耳朵比我的灵通，刚一提起小陈，他便叹了口气："完喽！妹妹被那个什么总长给扔下不管了，姑娘不姑娘，太太不太太的在家里闷着。他呢，给那个黑小子挣够了钱，黑小子撒手不再管他了，连行头还让黑小子拿去多一半。谁不知道唱戏能挣钱呢，可是事儿并不那么简单容易。玩票，能被人吃光了；使黑杵，混不上粥喝；下海；谁的气也得受着，能吃饱就算不离。我全晓得，早就劝过他，可是……"俞先生似乎还有好些个话，但是只摇了摇头。

十

又过了差不多半年，我到济南有点事。小陈正在那里唱呢，他挂头牌，二牌三牌是须生和武生，角色不算很硬，可也还看得过去。这里，连由北平天桥大棚里约来的角儿还要成千论百的拿包银，那么小陈——即使我们承认他一切的弱点——总比由天桥来的强着许多了。我决定去看他的戏，仿佛也多少含着点捧捧场的意思，谁教我是他的朋友呢。

那晚上他贴的是独有的"本儿戏",九点钟就上场,文武带打,还赠送戏词。我恰好有点事,到九点一刻才起身到戏园去,一路上我还怕太晚了点,买不到票。到九点半我到了戏园,里里外外全清锅子冷灶,由老远就听到锣鼓响,可就是看不见什么人。由卖票人的神气我就看出来,不上座儿;因为他非常的和气,一伸手就给了我张四排十一号——顶好的座位。

四排以后,我进去一看,全空着呢。两廊稀稜稜的有些人,楼上左右的包厢全空着。一眼望过去,台上被水月电照得青虚虚的,四个打旗的失了魂似的立在左右,中间坐着个穿红袍的小生,都像纸糊的。台下处处是空椅子,只在前面有一堆儿人,都像心中有点委屈似的。世上最难看的是半空的戏园子——既不像戏园,又不像任何事情,仿佛是一种梦景似的。

我坐下不大会儿,锣鼓换了响声,椅垫桌裙全换了南绣的,绣着小陈的名子。一阵锣鼓敲过,换了小锣,小陈扭了出来。没有一声碰头好——人少,谁也不好意思喊。我真要落泪!

他瘦得已不成样子。因为瘦,所以显着身量高,就像一条打扮好的刀鱼似的。

并不因为人少而敷衍,反之,他的瘦脸上带出一些高傲,坚决的神气;唱,念,做派,处处用力;越没有人叫好,他越努力;就好像那宣传宗教的那么热烈,那么不怕困苦。每唱完一段,回过头去喝水的工夫,我看见他嗽得很厉害,嗽一阵,揉一揉胸口,才转过脸来。他的嗓音还是那么窄小,可是做工已臻化境,每一抬手迈步都有尺寸,都恰到好处；耍一个身段，他便向台下打一眼，仿佛是对观众说：这还不值个好儿吗？没人叫好，始终没人喊一声好！

我忽然像发了狂，用尽了力量给他喝了几声彩。他看见了我，向我微微一点头。我一直坐到了台上吹了呜嘟嘟，虽然并没听清楚戏中情节到底是怎回事；我心中很乱。

散了戏，我跑到后台去，他还上着装便握住了我的手，他的手几乎是一把骨头。

"等我卸了装，"他笑了一下，"咱们谈一谈！"

我等了好大半天，因为他真像个姑娘，事事都作得很慢很仔细，头上的每一朵花，每一串小珠子，都极小心的往下摘，看着跟包的给收好。

我跟他到了三义栈，已是夜里一点半钟。

一进屋，他连我也不顾得招待了，躺在床上，手哆嗦着，点上了烟灯。吸了两大口，他缓了缓气："没这个，我简直活不了啦！"

我点了点头。我想不起说什么。设若我要说话，我就要说对他有些用处的，可是就凭我这个平凡的人，怎能救得了他呢？只好听着他说吧，我仿佛成了个傻子。

又吸了一大口烟，他轻轻的掰了个橘子，放在口中一瓣。"你几儿个来的？"

我简单的告诉了他关于我自己的事，说完，我问他："怎样？"

他笑了笑："这里的人不懂戏！"

"赔钱？"

"当然！"他不像以前那样爱红脸了，话说得非常的自然，而且绝没有一点后悔的意思。"再唱两天吧，要还是不行，简直得把戏箱留在这儿!"

"那不就糟了?"

"谁说不是!"他嗽咳了一阵，揉了揉胸口。"玩艺好也没用，人家不听，咱有什么法儿呢?"

我要说：你的嗓子太窄，你看事太容易!可是我没说。说了又有什么用呢?他的嗓子无从改好，他的生活已入了辙，他已吸惯了烟，他已有了很重的肺病；我干吗既帮不了他，还惹他难受呢?

"在北平大概好一点?"我为是给他一点安慰。

"也不十分好，班子多，地方钱紧，也不容易，哪里也不容易!"他揉着一点橘子皮，心中不耐烦，可是要勉强着镇定。"可是，反正我对得起老郎神，玩艺地道，别的……"

是的，玩艺地道；不用说，他还是自居为第一的花旦。失败，困苦，压迫，无法摆脱，给他造成了一点自信，他只仗着这点自信活着呢。有这点自信欺骗着他自己，他什么也不怕，什么也可以一笑置之；妹妹被人家糟践了，金钱被人家骗去，自己只剩下一把骨头与很深的烟瘾；对谁也无益，对自己只招来毁灭；可是他自信玩艺儿地道。"好吧，咱们北平见吧!"我告辞走出来。

"你不等听听我的全本《凤仪亭》啦?后天就露!"他立在屋门口对我说。

我没说出什么来。

回到北平不久，我在小报上看到小陈死去的消息。他至多也不过才二十四五岁吧。

东　西

晚饭吃过了好久,电报还没有到;鹿书香和郝凤鸣已等了好几点钟——等着极要紧的一个电报。

他俩是在鹿书香的书房里。屋子很大,并没有多少书。电灯非常的亮,亮得使人难过。鹿书香的嘴上搭拉着支香烟,手握在背后,背向前探着些;在屋中轻轻的走。中等身材,长脸,头顶上秃了一小块;脸上没什么颜色,可是很亮。光亮掩去些他的削瘦;大眼,高鼻梁,长黑眼毛,显出几乎是俊秀的样子。似乎是欣赏着自己的黑长眼毛,一边走一边连连的眨巴眼。每隔一会儿,他的下巴猛的往里一收,脖子上抽那么一下,像噎住了食。每逢一抽,他忽然改变了点样儿,很难看,像个长脸的饿狼似的。抽完,他赶快又眨巴那些黑美的眼毛,仿佛为是恢复脸上的俊秀。

烟卷要掉下来好几回,因为他抽气的时候带累得嘴唇也咧一咧;可是他始终没用手去扶,没工夫顾及烟卷。烟卷到底被脖子的抽动给弄掉了,他眨巴着眼用脚把它揉碎。站定,似乎想说话;脖子又噎了一下,忘了说什么。

郝凤鸣坐在写字台前的转椅上,脸朝着玻璃窗出神。他比鹿书香年轻着好些,有三十五六岁的样子,圆头圆脸圆眼睛,有点傻气,可是傻得挺精神,像个吃饱了的笨狗似的。洋服很讲究,可是被他的面貌上体态减少了些衣服的漂亮。

自膝以下都伸在写字台的洞儿里,圆满得像俩金橘似的手指肚儿无声的在膝上敲着。他早就想说话,可是不便开口。抽冷子院中狗叫了一声,他差点没由转椅上出溜下去,无声地傻笑了一下,向上提了提身子,继续用手指敲着膝盖。

在饭前,虽然着急,还能找到些话说;即使所说的不都入耳,也愿意活动着嘴唇,掩饰着心中的急躁。现在,既然静默了许久,谁也不肯先开口了,谁先开口仿佛就是谁沉不住气。口既张不开,而着急又无济于事,他们都想用一点什么别的事岔开心中的烦恼。那么,最方便的无过于轻看或甚至于仇视面前的人了。郝凤鸣看着玻璃,想起自己当年在英国的一个花园里,伴着个秀美的女友,欣赏着初夏的樱花。不敢顺着这个景色往下想,他撩了鹿书香一眼——在电灯下立着,头顶上秃的那一块亮得像个新铸的铜子。什么东西!他看准了这个头上秃了一块的家伙。心中咒骂,手指在膝盖上无声的击节:小小的个东洋留学生,人模狗样的竟自把个地道英国硕士给压下去,什么玩艺!

郝凤鸣真是不平,凭自己的学位资格,地道西洋留学生,会来在鹿书香这里打下手,作配角;鹿书香不过上东洋赶过几天集,会说几个什么什么"一马司"!他不敢再想在英国时候那些事,那些女友,那些志愿。过去的一切都是空的。把现在的一切调动好了才算好汉。是的,现在他有妻小,有包车,有摆着沙发的客厅,有必须吃六角钱一杯冰激凌的友人……这些凑在一块才稍微像个西洋留学生,而这一切都需要钱,越来越需要更多的钱。为满足太太,为把留学生作到家,他得来敷衍向来他所轻视的鹿书香,小小的东洋留学生!

他现在并非没有事作，所以他不完全惧怕鹿书香。不过，他想要进更多的钱，想要再增高些地位，可就非仗着鹿书香不可。鹿书香就是现在不作事，也能极舒服的过活，这个，使他羡慕，由羡慕而忌妒。鹿书香可以不作事而还一天到晚的跳腾，这几乎是个灵感；鹿书香，连鹿书香还不肯闲着，郝凤鸣就更应当努力；以金钱说，以地位说，以年纪说，他都应当拚命的往前干，不能知足，也不许知足。设若光是由鹿书香得到这点灵感，他或者不会怀恨，虽然一向看不起这个东洋留学生。现在，他求到鹿书香的手里，他的更好的希望是仗着鹿书香的力量才能实现，难堪倒在其次，他根本以为不应当如此，一个西洋留学生就是看洋楼也比留东洋的多看见过几所，先不用说别的！他不平。可是一时无法把他与鹿书香的上下颠倒过来。走着瞧吧，有朝一日，姓郝的总会教鹿书香认识清楚了！

又偷偷看了鹿书香一眼，他想起韵香——他的太太。鹿书香的叔伯妹妹。同时，他也想起在英国公园里一块玩耍的那个女郎，心中有点迷糊。把韵香与那个女郎都搀在一处，仿佛在梦中那样能把俩人合成一个人，他不知是应当后悔好，还是……不，娶了就是娶了，不便后悔；韵香又清楚的立在目前。她的头发，烫一次得十二块钱；她的衣服、香粉、皮鞋、手提包……她可是怪好看呢！花钱，当然得花钱，不成问题。天下没有不费钱的太太。问题是在自己得设法多挣。想到这儿，他几乎为怜爱太太而也想对鹿书香有点好感。鹿书香也的确有好处：永远劝人多挣钱，永远教给人见缝子就钻……郝凤鸣多少是受了这个影响，所以才肯来和他一同等着那个电报。有这么个大舅子，正如有那么个漂亮的太太，也并不是件一希望就可以作到的事。到底是自己的身分；当然，地道留英的学生再弄不到这么点便宜，那还行！

即使鹿书香不安着好心，利用完了个英国硕士而过河拆桥，郝凤鸣也不怕，他是鹿家的女婿，凭着这点关系他敢拍着桌子，指着脸子，和鹿书香闹。况且到必要的时候，还可以把韵香搬了来呢！是的，一个西洋留学生假若干不过东洋留学生的话，至少一个妹夫也可以挟制住个大舅子。他心中平静起来，脸上露出点笑容，像夏天的碧海，只在边岸上击弄起一线微笑的白花。他闭上了眼。

狗叫起来，有人去开大门，郝凤鸣猛的立起来，脸上忽然发了热。看看窗外，很黑；回过头来看鹿书香，鹿书香正要点烟，右手拿着火柴，手指微微的哆嗦；看着黑火柴头，连噎了三口气。

张顺推门进来，手里拿着个白纸封，上面画着极粗的蓝字。亮得使人难过的电灯似乎把所有的光全射在那个白纸封儿上。鹿书香用手里的火柴向桌上一指。等张顺出去，他好像跟谁抢夺似的一把将电报抓到手中。

郝凤鸣不便于过来，英国绅士的气派使他管束住心中的急切。可是，他脸上更热了。这点热气使他不能再呆呆的立候，又立了几秒钟，他的绅士气度被心中的热气烧散，他走了过来。

鹿书香已把电报看了两遍，或者不止两遍，一字一字的细看，好像字字都含着些什么不可解的意思。似乎没有可看的了，他还不肯撒手；郝凤鸣立在他旁边，他觉得非常的可厌。他一向讨厌这个穿洋服的妹夫，以一个西洋留学生而处处仗着人，只会吃冰激凌与跳舞，正事儿一点也不经心。这位留学生又偏偏是他的妹夫，为鹿家想，为那个美丽的妹妹想，为一点不好说出来的嫉妒想，他都觉得这个傻蛋讨厌，既讨厌而又幸运；他猜不透为什么妹妹偏爱这么个家伙，妹妹假若真是爱他，那么他——鹿书香——似乎就该讨厌他，说不出道理来，可是只有这么着心里才舒服一点。他把电报扔在桌子上，就手儿拿起电报的封套来，也细细的看了看。然后，似乎忘了郝凤鸣的讨厌，又从郝的手里看了电报一遍，虽然电报上的几个字他已能背诵出来，可还细心的看，好似那些蓝道子有什么魔力。

郝凤鸣也至少细细看了电报两遍。觉出鹿书香是紧靠在他的身旁，他心中非常憋闷得慌：纸上写的是鹿书香，身旁立着的是鹿书香，一切都是鹿书香，小小的东洋留学生，大舅子！

"怕什么偏有什么，怕什么……"鹿书香似乎没有力量说完这句话，坐下，嚌了口气。

"可不是，"郝凤鸣心中几乎有点快活，鹿书香的失败正好趁了他的心愿，不过，鹿的失败也就是自己的失败，他不能完全凭着情感做事，他也皱上了眉。

鹿书香闭上了眼，仿佛极疲倦了似的。过了一会儿，脸上又见了点血色，眼睛睁开，像和自己说似的："副局长！副——局长！"

"电码也许……"郝凤鸣还没有放手那个电报，开始心里念那些数目字，虽然明知一点用处没有。

"想点高明的会不会！"鹿书香的话非常的难听。他很想说："都是你，有你，什么事也得弄哕拉了！"可是他没有往外说，一来因为现在不是闹脾气的时候，二来面前没有别人，要泄泄怒气还是非对郝凤鸣说说不可；既然想对他说说，就不能先开口骂他。他的话转到正面儿来："局长，好；听差，也好；副局长，哼！我永不嫌事小，只要独当一面就行。副局长，副师长，副总统，副的一切，凡是副的都没用！递给我支烟！"

"电报是犬稜发的，正式的命令还没有到。"郝凤鸣郑重地说。对鹿书香的人，他看不大起；对鹿书香的话，他可是老觉得有些价值。鹿书香的话总是由经验中提炼出来的，老能够赤裸裸地说到事情的根儿上，就事论事，不带任何无谓的感情与客气。郝凤鸣晓得自己没这份儿本事，所以不能不佩服大舅子的话，大舅子的话比英国绅士的气度与文化又老着几个世纪，一点虚伪没有，伸手就碰在痒痒筋儿上。

"什么正式的命令？你这人没办法！"鹿书香很想发作一顿了，可是又管住了自己，而半恼半亲近的加了点解释："犬稜的电报才算事，命令？屁！"

郝凤鸣依然觉得这种话说得很对，不过像"屁"字这类的字眼不大应该出自个绅士的口中。是的，他永远不能佩服鹿书香的态度与举动——永成不了个英国人所谓的"贞头曼"；大概西洋留学生的这点陶冶永远不是东洋留学生所能及的。好吧，不用管这个，先讨论事情呢："把政府放在一边，我们好意思驳回犬稜？"

"这就是你不行的地方！什么叫好意思不好意思？无所谓！"鹿书香故意的笑了一下。"合我的适便作，反之就不作；多咱你学会这一招，你就会明白我的伟大了。你知道，我的东洋朋友并不只是犬稜？"

郝凤鸣没说出什么来。他没法不佩服鹿书香的话，可又没法改变他一向轻视这位内兄的心理，他没了办法。

鹿书香看妹丈没了话，心中高兴了些："告诉你，凤鸣，我若是只弄到副局长，那就用不着说，正局长必定完全是东洋那边的；我坏在摆脱不开政府这方面。你记住了：当你要下脚的时候，得看清楚哪边儿硬！"

"那么正局长所靠着的人也必定比犬稜还硬？"郝凤鸣准知道这句说对了地方，圆脸上转着遭儿流动着笑意。

鹿书香哑摸着味儿点了点头："这才像句话！所以我刚才说，我的东洋朋友并不只是犬稜。你要知道，自从九一八以后，东洋人的势力也并不集中，谁都想建功争胜，强中自有强中手。在这种乱动的局面中，不能死靠一个人。作事，如同游泳，如同驶船，要随着水势，随时变动。按说，我和犬稜的关系不算不深，我给他出主意，他不能不采纳；他给我要位置，我一点也不能怀疑。无奈，他们自己的争斗也非常的激烈，咱们可就吃了挂落！现在的问题是我还是就职呢，还是看看再说？"

"土地局的计划是我们拟就的，你要是连副局长都推了，岂不是连根儿烂？"郝凤鸣好似受了鹿书香的传染，也连连的眨巴眼。"据我看，即使一点实权拿不到，也跟他们苦腻。这，一来是不得罪犬稜，二来是看机会还得把局长抓过来，是不是？"

"也有你这么一说，也有你这么一说，"鹿书香轻轻的点着头。"可是有一样，我要就了副局长，空筒子的副局长，你可就完了。你想呀，有比犬稜还硬的人立在正局长背后，还有咱们荐人的份儿？我挂上个名，把你甩了，何苦呢！我闲也还闲得起，所以不肯闲着的原因，一来是我愿意提拔一些亲友，造成咱们自己的势力，为咱们的晚辈设想，咱们自己不能不多受点累。二来是我有东洋朋友，我知道东洋的事，这点知识与经验不应当随便扔弃了。妒恨我的也许叫我卖国贼，其实我是拿着自己的真本领去给人民做点事，况且东洋人的办法并不像大家所说的那么可恶，人家的确是有高明人；老实不客气的说，我愿意和东洋人合作；卖国贼？盖棺论定，各凭良心吧！"他闭上眼，缓了一口气。"往回说吧，你要是教我去作副局长，而且一点不抱怨我不帮忙你，我就去；你若是不谅解我呢，吹，我情愿得罪了犬稜，把事推了！怎样？"

郝凤鸣的气不打一处来。倒退——不用多了——十年，他一定会对着鹿书香的脸，呐喊一声卖国贼。现在，他喊不出来。现在，他只知道为生活而生活着；他，他的太太，都短着许多许多的东西；没有这些东西，生活就感到贫窭，难堪，毫无乐趣。比如说，夫妇们商议了多少日子了，始终也没能买上一辆小汽车；没有这辆小汽车，生活受着多么大的限制，几乎哪里也不敢去，一天的时间倒被人力车白白费去一半！为这辆小汽车，为其他好些个必需的东西，使生活丰富的东西，他不能喊卖国贼；他现在知道了生命的意义，认识了生活的趣味；少年时一切理想都是空的，现在也只知道多挣钱，去丰富生命。可是受了骗，受了大舅子的骗，他不能忍受，他喊不出卖国贼这三个字，可是也不甘心老老实实的被大舅子这么玩弄。

他恨自己，为什么当初要上英国去读书，而不到东洋去。看不起东洋留学生是真的，可是事实是事实，现在东洋留学生都长了行市，他自己落了价。假若是他会说日语，假若他有东洋朋友，就凭鹿书香？哼，他也配！

不，不能恨自己。到底英国留学生是英国留学生；设若鹿书香到过英国，也许还不会坏到这个地步！况且，政治与外交是变化多端的，今年东洋派抬头，焉知明年不该留欧的走运呢？是的，真要讲亡国的话，似乎亡在英国人手里还比较的好一些。想到这里，郝凤鸣的气消了一些，仿佛国家亡在英人手里是非常的有把握，而自己一口气就阔起来，压倒鹿书香，压倒整个的东洋派，买上汽车，及一切需要的东西，是必能作到的。

气消了一些，他想要大仁大义的劝鹿书香就职，自己情愿退后，以后再也不和大舅子合作；好说好散，贞头曼！

他刚要开口，电话铃响了。本不想去接，可是就这么把刚才那一场打断，也好，省得再说什么。他拿下耳机来："什么局长？方？等等。"一手捂住口机，"大概是新局长，姓方。"

鹿书香极快的立起来："难道是方佐华？"接过电话机来："喂，方局长吗？"声音非常的温柔好听，眼睛像下小雨似的眨巴着。"啊？什么？"声音高了些，不甚好听了。"噢，局长派我预备就职礼，派——我；嗯，晓得！"猛的把耳机挂上了。"你怎么不问明白了！什么东西，一个不三不四的小职员敢给我打电话，还外带着说局长派我，派——我！"他深深的噎了一口气。

"有事没事？"郝凤鸣整着脸问，"没事，我可要走啦；没工夫在这儿看电话！"

鹿书香仿佛没有听见．只顾说他自己的："哼，说不定教我预备就职典礼就是瞧我一手儿呢！厉害！挤我！我还是干定了，凤鸣你说对了，给他们个苦腻！"说完，向郝凤鸣笑了笑。

"预备个会场，还不就是摆几把椅子的事？"郝凤鸣顺口答音的问了句，不希望得到什么回答，他想回家，回家和韵香一同骂书香去。

"我说你不行，你老不信，坐下，不忙，回头我用车送你去。"看郝凤鸣又坐下，他闭了会儿眼才说："光预备几把椅子可不行！不行！挂国旗与否，挂遗嘱与否，都成问题！挂呢。"右手的中指搬住左手的大指，"显出我倾向政府。犬稜们都是细心的人。况且，即使他们没留神，方佐华们会偷偷的指点给他们。不挂呢，"中指点了点食指，"方佐华会借题发挥，向政府把我刷下来，先剪去我在政府方面的势力。你看，这不是很有些文章吗？"

郝凤鸣点了点头，他承认了自己的不行。不错，这几年来，他已经把少年时的理想与热气扫除了十之八九，可是到底他还是太直爽简单。他"是"得和鹿书香学学，即使得不到什么实际的利益，学些招数也是极可宝贵的。

"现在的年月，作事好不容易！"鹿书香一半是叹悔自己这次的失败，一半是——比起郝凤鸣来——赞美自己的精明。"我们这是闲谈，闲谈。你看，现在的困难是，人才太多，咱们这边和东洋那边都是人多于事。于是，一人一个主意，谁都设法不教自己的主意落了空。主意老在那儿变动。结果弄成谁胳臂粗谁得势，土地局是咱们的主意，临完教别人把饭锅端了去。我先前还力争非成厅不可，哼，真要是被人家现成的把厅长端去，笑话才更大呢！我看出来了，我们的主意越多,东洋人的心也就越乱,他们的心一乱,咱们可就抓不着了头。你说是不是?为今之计,咱们还得打好主意。只要有主意,不管多么离奇,总会打动东洋人——他们心细,不肯轻易放过一个意见;再加上他们人多,咱们说不动甲,还可以献计给乙,总会碰到个愿意采纳的。有一个点头的,事情就有门儿。凤鸣,别灰心,想好主意。你想出来,我去作;一旦把正局长夺回来,你知道我不会白了你。我敢起誓!"

"上回你也起了誓!"郝凤鸣横着来了一句。

"别,别,咱俩不过这个!"鹿书香把对方的横劲儿往竖里扯。"你知道我是副局长,你也知道副局长毫无实权,何苦呢!先别捣乱,想高明的,想!只要你说出这道儿,我就去,我不怕跑腿;这回干脆不找犬棱,另起炉灶,找沉重的往下硬压。我们本愿规规矩矩的作,不过别人既是乱抄家伙,我们还能按规矩作吗?先别气馁,人家乱,咱们也跟着乱就是了,这就叫作时势造英雄!我就去就副局长的职,也尝尝闲职什么味儿。假若有好主意的话。也许由副而正,也许一高兴另来个机关玩玩。反正你我的学问本领不能随便弃而不用,那么何不多跑几步路呢?"

"我要是给你一个主意,你给我什么?"郝凤鸣笑着,可是笑得僵不吃的。"这回我不要空头支票,得说实在的。比如说,韵香早就跟我要辆小汽车……"

"只要你肯告诉我,灵验了以后,准有你的汽车。我并非没有主意,不过是愿意多搜集一些。谁知道哪一个会响了呢。"

"一言为定?我回去就告诉她!你知道姑奶奶是不好

惹的?"

"晓得呀,还用你说!"

"你听这个怎样,"郝凤鸣的圆眼睛露出点淘气的神气,"掘墓行不行?"

"什么?"

"有系统的挖坟,"郝凤鸣笑了,承认这是故意的开玩笑。

"有你这么一说,"鹿书香的神气可是非常的郑重,"有你这么一说!你怎么想起来的。是不是因为土地局而联想到坟墓?"

"不是快到阴历十月一了。"郝凤鸣把笑意收起去,倒觉得有点不大好意思了。"想起上坟烧纸,也就想起盗墓来,报纸上不是常登着这种事儿?"

"你倒别说,这确是个主意!"鹿书香立起来,伸出右手,仿佛是要接过点什么东西来似的。"这个主意你给我了?"

"送给你了;灵验之后,跟你要辆汽车!不过,我想不起这个主意能有什么用处。就是真去实行,也似乎太缺德,是不是?"郝凤鸣似乎有点后悔。

"可惜你这个西洋留学生!"鹿书香笑着坐下了。"坟地早就都该平了!民食不足,而教坟墓空占着那么多地方,岂不是愚蠢?我告诉你,我先找几个人去调查一下,大概的哪怕先把一县的地亩与坟地的比例弄出来呢,报上去,必足以打动东洋人,他们想开发华北,这也是一宗事业,只须把坟平了,平白的就添出多少地亩,是种棉,种豆,或是种鸦片,谁管它种什么呢,反正地多出产才能多!这是一招。假如他们愿意，当然愿意，咱们就有第二招：既然要平坟，就何不一打两用，把坟里埋着的好东西就手儿掘出来？这可又得先调查一下，大概的能先把一县的富家的茔地调查清了，一报上去就得教他们红眼。怎么说呢，平坟种地需要时间，就地抠饼够多么现成？真要是一县里挖出几万来，先不用往多里说，算算看，一省该有多少？况且还许挖出些件无价之宝来呢？哼！我简直可以保险，平坟的主意假若不被采纳，拣着古坟先掘几处一定能行！说不定，因此咱们还许另弄个机关——譬如古物之类的玩艺——专办这件事呢？你要知道，东洋人这二年来的开发计划，都得先投资而后慢慢的得利；咱们这一招是开门见山，手到擒来！就是大角儿们不屑于办，咱们会拉那些打快拐子的，这不比走私省事？行，凤鸣！你的汽车十之八九算是妥当了！"

"可是，你要真能弄成个机关，别光弄辆破汽车搪塞我；你的会长，我至少得来个科长！"郝凤鸣非常的后悔把这么好的主意随便的卖出去。

"你放心吧，白不了你！只要你肯用脑子，肯把好主意告诉我，地位金钱没问题！谁教咱们赶上这个乱世呢，咱们得老别教脑子闲着，腿闲着。只要不怕受累，话又往回来说，乱世正是给我们预备的，乱世才出英雄！"

郝凤鸣郑重的点了点头，东西两位留学生感到有合作的必要，而前途有无限的光明！

浴　奴

"小陈，小陈！"小孙的如蒜一样小的脸上满裂着笑纹，急切而诡道的叫，嗓音沙哑，薄嘴唇很用力。"小陈，妈的你倒是过来呀！告诉你好话！"

小陈翻了翻白眼，把灰黄的长脸尽量的往下沉落。"好话都等着你说呢！妈的，昨晚上又干出去十二大块！"一边说，一边把口袋里的小手绢掏了出来；双手提着，抖了几抖，落下几小片花生米的红皮；然后把黄而无神的眼珠定在手绢中心的一滩黄稠的汁儿上。叹了口气。把手绢折好送回，口袋里的的确确还只有二十枚的一张破钱票，像个多足的小虫儿在袋角团团着。

小孙的脸上严肃了些，把那些笑纹全集中到鼻子上，眼中放出很复杂的神情来。他可怜小陈，同时又有些自傲，甚至于是幸灾乐祸；为掩盖这两种情感，他想拿出十分知己的神气，使小陈不至感到难堪；可是自己所要向小陈报告的又是很有价值的事，随便说就减了自己的威风，严重的语调又足以引起小陈的反感，他自己又觉得不大得劲儿，鼻上那堆皱纹有些发僵。"小陈，告诉你，喽，"他凑过小陈来——非凑过来不可，可是分明的感到这是屈就了小陈，本来这是要教小陈闻所未闻，自己倒落了个上赶着递殷勤，不大合理，但是不告诉小陈，自己心中又发痒，而且没有小陈来帮忙助胆,这件事是不易作到好处的。心中的混乱,使他不能决定怎样行动;像要惊走脑门上一个苍蝇似的,他摇了摇蒜形的头。"小陈,告诉你,他妈的!"

小陈自己的忧郁必须先由口中流泄出来:"你就说倒霉不倒霉:昨儿个晚上,好容易弄下两号买卖,费他妈的牛大的劲才弄了四块二毛钱。小鬼子他妈的精多了,先尝后买;告诉你,我心里直扑腾;好,万一他翻脸不给钱,系上裤子就走,我找谁去?他们一走,我怎对付那俩娘们?"小陈的长脸上红起两小块来,很小很红,在腮峰上,像俩红痣似的。"总算万幸,他们算是吃入了味,照数给了钱;俩娘们还跟我抢了一阵,才他妈的弄到四块二!"

"俩小娘们可真不错!"小孙虽然急于说出那件事来,可是无法扼制住心中的妒恨:"我要是有日本鬼子的腰里那么多的金戒指,我要不包下她们,我就不姓孙!尤其是小春那对眼睛,一想起来——甭说了!"他又摇了摇那头蒜。

"天好,好出朵花儿来,也得给太爷钱!"小陈拍了拍胸膛。"姓陈的不是能教眼睛看软了的人!还告诉你,小孙,对娘们,你越狠,她越佩服你!说不上,在没买卖的时候,她还请你过过瘾呢。请是请,记清楚了!你要是不狠心,豆腐似的随着她摆弄,瞧着吧,她连正眼都不给你一眼;你信不信?"

小孙无可如何地点点头。在理智上,小陈是一点也不错的。

"四块二,"小陈的心折了个跟头,翻到原处,"加上前天的八块七——×,真他妈的邪!日本人都在街上开了烟馆,张三那孙子还不敢出门;几个烟泡,教我敲了他八块多，他妈的你当是天下大乱没好处呢，——十二块九。都是妈的丁九那小子，非拉着我上艺术馆去不可；他赢了五块，我干进去十二；心里一懊，又喝了八毛；三十枚的烟；这不是，还剩他妈的不折不扣的二十枚！"他摸了摸衣袋，摸到那张破票，可是没有往外拿。

小孙看朋友已把一肚子难过泄尽，开始预备说那件事；顶好先给他个甜头，引起他的高兴与希望，才能顺利进行——小陈这小子顶不好摆弄。"告诉你，我又看出点俏来！咱俩和和气气的商量着办，准保天天有买卖！"

"哼！"小陈永远不肯轻易承认别人的计划有什么了不得的地方，可是他含而不露的愿意听一听；听完，由他自己寻思一遍，加以批评与修正，那计划的所有权便属了他，倒仿佛他是发动者似的。"我他妈的跟日本鬼算打够了交道了。要又是他们的事，没我！"

小孙从心里笑了出来："这回准保不吃东洋饭！"

"哼！"小陈表示不妨听一听，哼的声音轻微而活动。

"清明池的小五对我说的，"小孙笑了一下，为是使话语显着热闹，"你猜怎么着，赶情日本鬼子带着娘们一块去洗澡！"小孙的眼皮连连眨巴，等着小陈表示惊异。

"带着咱们的娘们？"小陈一点也没有惊异。

"不，东洋娘们。"

"盆堂池堂？"

"先也洗过池堂，近来都洗盆堂了。"

"啊，"小陈点了点头。

"咱们要是弄俩娘们，在澡堂子去应活；唉，你说！"小孙拍了小陈的肩膀一下，眼睛发出些贼光。

小陈的长脸上没有任何表情,像挂着一部历史似的那样沉着严肃。

"咱俩,"小孙把"俩"说得分外的有力,期望能打动小陈,"一面去跟澡堂子的掌柜说好,一面去拉人;盆堂单间原是四毛钱一位;有娘们陪着呢,咱们就把价钱包过来,看人行事,十块也好,八块也好;收过钱来,通通由咱们开账:娘们,交柜,茶钱……每一号买卖至少咱们也剩它三块五块的!一天还不弄上三两号?准保有买卖,又新鲜,又暖和,又干净,又挂点东洋味儿。你说……"小孙用胳臂肘顶了小陈一下。

小陈板着脸,身子左右摇晃了两下,然后,满不在乎的,轻描淡写的,不大耐烦的,说:"用不着和澡堂掌柜的商议。咱们找了娘们,找了客人,硬往单间走。日本鬼那么办了。他还拦得住别人?说翻了,弄俩高丽棒子砸他一顿就是了,喽!"

"对!对!要不我怎么得先跟你商量呢!我会发起,你会改良;两下一凑合,事情就算成了!"小孙说得非常的亲切,心中可真有点害怕:话是已对小陈讲了,要是不死拉住他,他也许独自去办,自己弄个有冤无处去诉。

"我去找娘们,"小陈的眼成了两道细缝,仿佛已决定好为这路买卖应找哪些妇女,比如:必须身上有肉,皮肤要白,好镇得住澡堂子里的房间;面貌如何倒居其次,必须是天足……不过,这些都用不着对小孙讲。"你去拉客人。澡堂子要是耍刺儿,不许进去,是我的事。客人到时候不掏钱,是你的事。客人约好,你往天顺打个电话,我同着娘们去。"小陈的脸板得更紧了些:"咱们的账是四六成,我六成,你四成;一句话,不用磨烦!"

小孙有好些话都塞在心里,脸上减去了一层光彩。不便默然,他问:"找谁去好?"

小陈笑了笑。"四成,还便宜着你呢;怎这么笨!"他的脸忽然又板起来。"两种人可以找,穿马褂的和穿洋服的。对穿马褂的不必提日本鬼,光说有地方洗澡,娘们陪着;一提日本,他们就哆嗦。对穿洋服的必得提出日本鬼,他们爱挂洋气——你若是告诉他们,日本鬼洗完澡把水喝了,他们都得照方儿办,甭说玩娘们了。"

"好吧,"小孙点了点头。"平分账不行?"

"不行!你拿四成就不少!"

"好吧!我要是一趟拉来好几个人,你有那么些娘们吗?"

"那是我的事!"

*　　　　*　　　　*

清明池的杜掌柜有点发慌:日本鬼子带着娘们——不管是老婆,还是野鸡——来洗澡,已经够丧气的了,现在又添上中国娘们了!东洋娘们到底是洋玩艺,或者不至于把财神爷冲跑,他妈的中国娘们……怎么办呢?

要打算拦住中国娘们,就得先拦住东洋娘们。没法拦住日本,人家有枪!那也就没法拦住别人,在这天下大乱的时候。小陈小孙都不是什么好惹的;哼,得罪了他们,他们也许夜里来偷偷地放一把火。不行,别得罪他们;有好多事还得仗着他们给办呢。天下大乱,无理可讲;要吃饭,就得对坏蛋作揖,没法儿!

可是这到底有点别扭！自古至今，可曾见过男女一块儿洗澡的？老杜干这行生意已不是一年了，在同行里真是有头有脸的人物，现在……

不过，事已至此，还讲脸面？整个的北平都落在鬼子手里，自己有什么蹦儿呢？倒不如从事实上来讲，既能保住买卖，又不太丢人，那才是好办法。

比如说：找个高丽人来，专管东楼，东楼上五个单间专招待日本人——不论是单人，还是成对儿的。这样，有高丽棒子做招待，大概中国人就不敢来了，连小陈们也没了办法。即使他们要闹事，还可以花几个钱运动一下。要是这样办通了，门口贴上日本字的条子，男女澡室，买卖或者不至吃亏。对老照顾主和地面上呢，也就有的说：日本们要上这里来，我老杜有什么办法呢？这不是，把他们都让到东楼去，与咱们这边无关，丧气全冲着日本鬼自己，咱们这边还是中国人中国办法。这岂不四面八方都讲得通，连财神爷也不至于见怪了吗？是的，把通东楼的小门堵死，街上另开个旁门；贴上日本字的条子，对！

先不必对别人讲，且到东楼看看去。

刚要上楼梯，小陈在前，一个胖女人在后，从小门转了过来。小陈看到杜掌柜，把脸落下一寸多，带理不理的微微一点头。杜掌柜纳着气退下来，让他们先走。小陈刚要往楼梯上迈步，那个女人扯住了他。杜掌柜想摆出老买卖人的气派，给他们个见怪不怪，可是眼睛不由的转到妇人身上去。他不知为什么觉得她非常的可怜：胖胖的，脸皮很松，可是白净，眼胞浮肿着；身上一件蓝布旗袍，过于瘦，把乳部箍起很高。他觉得这个妇人不像久干这个的；由这个，他又想到小陈必会利用生手,好多敲几个钱,由这个,他也渺茫的推想到,城市陷落,大家成了没上锁镣的奴隶,多少个良家妇女须把身子卖了,才能赚来三餐;这个妇人家里也许有好几个小孩,饿得像些瘦狼呢!一股热情使他挺起来腰板,真想到柜上取出几块钱给了她!可是,他是买卖人……腰板又塌下去。妇人眼看着地,声音很低,像恸哭过后那样有气无力的问小陈:

"准不是日本鬼?我不做洋买卖!"

小陈向她露了露牙。小孙领着个西装少年来到,蒜似的头扬得很高。西装少年的眼直奔了妇人的脸上,她低下头去。

小陈的眼已合成两道缝,挤出点笑意:"您把她泡在水里再瞧,雪白粉嫩!还有一层,准保干净,新货!"

杜掌柜心里疼了一下,啊啊了两声,搭讪着往回走。

西装少年一端肩膀:"没关系!尝过这个滋味,就等于留学日本,明白?"

胖妇人微叹了一口气,忽然一挺胸,跑上楼去,像个烈士赴义就刑时那么勇敢壮烈。

"请吧!"小孙向少年说,说罢,在少年背后向小陈伸手,手掌翻了两次。小陈往下一沉气,小孙缩脖一笑。

小孙把住楼梯下的小门。小陈领着少年上楼。少年双腿罗圈着,一边走一边咂着滋味笑,以为走得非常像东洋人了。

走到第一间屋外,少年用手挑开白布帘,向里望了望,空的。到第二间屋外,照样挑开帘子:屋里坐着个日本兵,赤着身;墙上挂着件花色鲜艳的女和服。日本兵像驱逐猫狗似的叱了一声，少年极媚的笑了笑，轻快的放下白布帘；然后，一吐舌头，脸上浮起些得意，下贱，狂喜，与轻佻的混合神色，仿佛是说："死也不冤了！"刚要进第三间屋——小陈已把帘子打开——是又一敛脚步，极快的转回身来，张着点口，舌尖伸在外边，又轻轻用手指掀第二间的帘儿，一心要看看日本女的是否也光着身子。

帘子一动，赤身的小鬼已立在他面前。他的腿软了，脸上变了颜色，可是还勉强的笑。

"这边来！"小陈低切地叫。

少年笑着往后退，赤身的鬼子赶上来，小陈一闪身，像条鱼似的滑过去，往楼下跑，胖妇人走出来，立在门口，哆嗦着；忽然一咬牙，猛的一推，少年把赤身小鬼砸在底下。她恶虎扑食似的下去，双手找到日本鬼的喉。

"救命！"西装少年滚了几滚，脱了身，拚命的往楼下跑。

及至杜掌柜跑到楼上，小鬼已不会动。一个披着花衣的东洋妇，看着一个中国胖妇人——低着头，手指上滴着血点。

澡堂的伙计们跑上来不少，望了一眼又急忙的跑下去。杜掌柜独自木在那里。胖妇人像对自己说呢："我的丈夫，死在南口！我今天也杀死他们一个！"说完，她抬起头来，深深的看了东洋妇人一眼；一扭头，她跳下楼去。

清明池关了门。杜掌柜还没把事想清楚，已没了命。

小陈起下誓不再和小孙合作，小孙拉来的西装少年太不地道。小孙的脸更小了一圈，好几天不敢出门，中了病似的，来回的念道："身大力不亏，都是小陈妈的胡出主意，找那么胖的娘们！"

一块猪肝

大中华的半个身腔已被魔鬼的脚踩住,大中华的头颅已被魔鬼的拳头击碎,只剩下了心房可怜的勇敢的不规则的尚在颤动。这心房以长江为血,武汉三镇为心瓣:每一跳动关系着民族的兴亡,每一启闭轻颤出历史续绝的消息。它是流民与伤兵的归处,也是江山重整的起点。多少车船载来千万失了国弃了家的男女,到了这里都不由的壮起些胆来,渺茫的有了一点希望。就是看一眼那滚滚的长江,与山水的壮丽,也足以使人咽下苦泪,而想到地灵人杰,用不着悲观。

江上飞着雪花,灰黄的江水托着原始的木舟与钢铁的轮船,浩浩荡荡的向东流泻;像怀着无限的愤慨,时时发出抑郁不平的波声。一只白鸥追随着一条小舟,颇似一大块雪,在浪上起伏。黄鹤楼上有一双英朗的眼,正随着这片不易融化的雪转动。

前几天,林磊从下江与两千多难民挤在一条船上,来到武昌,他很难承认自己是个难民,他有知识,有志愿,有前途,绝对不能与那些只会吃饭与逃生的老百姓为伍。可是,知识,志愿,与前途,全哪里去了?他逃,他挤,他脏,他饿,他没任何能力与办法,和他们没有丝毫的分别。看见武汉,他隐隐的听到前几天的炮声,看见前几天的火光。眨一眨眼,江汉关与黄鹤楼都在火影里,冒着冲天的黑烟。再眨一眨眼，火影烟尘都已不在；他独自流落在异乡。身下薄薄的一身西服，皮鞋上裹满各色的泥浆，独自扛着简单得可笑的一个小铺盖卷。谁？干什么？怎回事？他一边走一边自问。不是难民！他自己坚决地回答。旅馆却很难找，多少铁一般的面孔，对他发出钢一般的"没有房间！"连那么简单的铺盖卷都已变成重担，腿已不能再负迈开的辛苦，他才找到一间比狗窝稍大的黑洞。绝对不尊严的，他趴在那木板上整整睡了一夜，还不如一只狗那么警醒灵动。

醒来，由衣袋里摸出那还未曾丢失的一面小镜来，他笑了。什么都没有了，却仍有这方小镜照照自己。瘦了许多，鼻眼还是那么俊秀，只是两腮凹下不少，嘴角旁显出两条深沟，好像是刻成的，微微有些阴影。是自己，又不十分正确——到底不是难民！

放下小镜，他决定忘下以前种种。原先就不是凡夫，现在也不能是难民，明日还得成个有为的人物。这是一贯的，马卜要为将来打算打算。

他过江去看看汉口。车马的奔驰，人声的叫闹，街道的生疏，身上的寒冷，教他没法思索什么，计划什么。他只觉得孤独，苦闷。街上没遇到一个熟脸，终日没听到一句同情的话，抱着自己过去的一切志愿与光荣，到今天连牢骚也无处去诉。这个处所是没有将来的。自己可是无论如何决不肯与难民为伍。买了份报，没有看见什么。他不能这样在人群中作个不伸手乞钱的流浪者，他须找个清静的地方，细细思索一番。把报纸扔掉，想买本刊物拿回旅馆去看——黑洞里不是读书的地方，算了吧；非常的别扭！不过，刊物各有各的立场；自己也有自己的立场；不读也没多大关系。自己的立场是一切活动——对个人的，对国家的——的基础。这个，一般人是不会有的，所以他们只配作难民，对己对国全无办法。

在黄鹤楼上，看着武汉三镇的形胜，他心中那些为自己的打算，和自己平日所抱定的主张，似乎都太小一点，眼前的景物逼迫着他忘了自己，像那只白鸥似的，自己不过是这风景中小小的一片；要是没有那道万古奔流，烟波万顷的长江，一切就都不会存在；鸥鸟桅帆……连历史也不会有。寒江上飞着雪花，翻着巨浪，武昌的高傲冷隽，汉口的繁华紧凑，汉阳的谦卑隐秀，使他一想便想到中国，想到中国的历史，想到中国伟大的潜在力量。就是那些愚蠢无知的渔夫舟子好像也在那儿支持着一点什么，既非偶然，也非无用，眼随着那只白鸥。他感到一种无以名之的情感，无限，渺茫，而又使他心中发热，眼里微温。

但是，这没有一点实在的用处。他必须为他自己思索；茫茫的长江，广大的景物，须拿他自己作为中心，自己有了办法，一切才能都有了办法。自己的主张，是个人事业的出发点，也是国家转危为安的关键。顺着自己的主张与意见往下看，破碎的江山还可以马上整理起来，条条有理，头头是道。他吐了一口长气。江上还落着零散的雪花；白鸥已不知随着江波飘到哪里去了。

是的，他知道自己的思想是前进的。他天然的应当负起救亡图存的责任。他心中看见一条白光，比长江还长，把全中国都照亮，再没一点渣滓，一星灰尘，整个的像块水晶，里边印着青的松竹与金色的江河。不让步，不搬动！把这条白光必须射出！他挺了挺胸，二十五岁的胸膛，吐出万丈的豪气。

雪停了。天天看见长江，天天坚定自己，天天在人群中挤来挤去，天天踩一鞋泥，天天找不到事作。林磊的志愿依然很大，主张依然很坚决，只是没有机会，一点没有机会！他会气馁，但是也不会快活。物质上的享受，因金钱的限制，不敢去试尝；决定不到汉口去，免得看见那些令人羡慕的东西，又引起气短与伤心，普通的劳作与事情，不屑于投效；精神上的安慰只仗着抱定主意，决不妥协。假若有机会得到大的事情作，既能施展怀抱，又能有物质的享受呢，顶好！能在精神上如愿以偿而身体受些苦处呢，也算不错；若是只白白受些苦，而远志莫伸，那就不如闲着。虽然闲着也不好受，可是到底自己不至与难民同流，像狗似的去求碗饭吃。

买了些本刊物，当不落雨的时候，拿到蛇山上去读。每读过一篇文字，他便尽着自己所知道的去揣摸，去猜想，去批判。每读过几篇文字，他便就着每一篇的批判，把它们分划出来：哪篇是哪一党一系的主张，哪一篇与哪一篇是同声相应，或异趣相攻。他自信独具卓见，能看清大时代的思想斗争的门户与旗号，从而自许为战士中的一员。这使他欢喜、骄傲；眼前那些刚由内地开出来的兵，各地流亡来的乞丐，都不值得一看；他几乎忘了前线上冰天雪地里还有多少万正规军队与义勇军，正在与敌人血肉相拼，也几乎忘了自己的家乡已被敌人烧成一片焦土；反之，他渺茫的觉得自己是在一间光暖的大厅中，坐在沙发上，吸着三炮台烟卷，与一些年轻漂亮的男女，讨论着革命理论与救亡大计：香暖，热闹，舒服而激烈。他幻想着自己已作了那群青年的领袖，引导着他们漂漂亮亮地，精精神神地发表着谈话，琢磨着字眼，每一个字都含着强烈的斗争力量，用一篇文字可以打倒多少政敌，扫荡若干不正确的观念。想到这里，他不由地想起许多假想敌来，某人是某党，某人是某派，都该用最毒辣的文字去斩伐。他的两眼放了光。立起来，他用力地扯了扯西服的襟，挺起胸来，向左右顾盼。全城在他的眼中，他觉得山左山右不定藏着多少政匪与仇敌；屋顶上的炊烟仿佛是一些鬼气，非立即扫清不可。

他这样立在抱冰堂前或蛇山的背上，恍惚的想到他的英姿是值得刻个全身铜像，立在山上，永垂不朽——革命的烈士。可是，每逢一回到小旅馆中，他的热气便沉落下去，所有的理论、主张，与立场，都不能使那间黑洞光明一点点。他好似忽然由天堂落到地狱中。这他才极难堪的觉到自己并没有力量去克服任何困难，那真正逼着他来到此地受罪的，却是日本，而不是什么鬼影似的假想敌。到这时候，他才又想起在黄鹤楼头所得到的感触与激刺；合起全中国的力量去打日本仿佛才是最好的办法；内部的磨擦只是捣鬼。他想到了这个，可是不能深信，因为实际上去战争与牺牲似乎离他太远；他若这么去努力，就有点像狗拿耗子，多管闲事。他是生在党争的时代，他的知识、志愿，全由纸面上的斗争与虚荣而来。他的那身西服只宜坐在有暖气管的屋子里，他不能了解何谓"沙场"，何谓"流血"。他心中有"民众"这一名词，但是绝对不能与那把痰吐在地上的人们说过一句话。

他想安心写些文章，投送到与他的主张相合的刊物去发表，每一篇文章，他决定好，必须是对他已读过的某篇文字的攻击或质问。把人家的文章割解开来，他不惜断章取义的摘取一两句话去拚死的责难，以便突破一点，而使敌军全线崩溃。他一方面这样拆割别人的文章，一方面盘算自己的写法；费了许多工夫，可是总不易凑成一篇。他有些焦急，但是决定不自馁；越是难产才越见文艺的良心。

为思索一词一语，他有时候在街上去走好几里路。街上一切的人与事，都像些雾气，只足以遮障他的视线，而根本与他无关。正这样丧胆游魂的走着，远远的他看见个熟识的背影，头发齐齐的护着领子，脖儿长而挺脱，两肩稍往里抱着一些，而脊背并不往前探着，顶好看的细腰，一件蓝色的短大衣的后襟在膝部左右晃动，下面露出长而鼓满的腿肚儿。这后影的全部是温柔，利落，自然，真纯；使林磊忽然忘了他正思索着的一切，而给它配合上一张长而俊丽的脸，两只顶水灵的眼永远欲罢不能的表情，不是微瞋便是浅笑；那小小的鼻子，紧紧的口，永远轻巧可爱而又尊严可畏。他恨不能一步赶上前去，证明那张脸正和他所想起的一样。而且多着一些他所未见过而可以想象到的表情：惊异，亲切，眼中微湿，嘴唇轻颤，露出些光润美丽的牙来，半晌无语……那个后影是不会错的，那件蓝色短大衣是不会错的；他只须，必须，赶上前去，那张脸也必不会错，而且必定给予他无限的安慰与同情。他是怎样的孤寂悲苦呀！

可是他的脚不能轻快的往前挪。背影的旁边还有另个背影：像写意画中的人物，未戴帽的头只是个不甚圆的圈儿，下面极笼统的随便的披着件臃肿的灰布棉衣。林磊一时想不出这个背影最恰当的像个什么，他只觉得那是个布口袋，或没有捆好的一个铺盖卷，倚靠着她，是她的致命的累赘。她居然和这个布袋靠得很近，缓缓的向前走！他不能赶上去，不能使布口袋与他分享着她的同情与美丽。他幻想着，假若他的脸若能倒长着，而看见了他，她必会把那件带腿的行李弃下，而飞跑向他来。这既是决不会有的事，他的苦痛渐渐变为轻蔑与残酷：她并不是像他想象的那么真纯美妙。说不定，还许是因逃难而变成了妓女呢！不，她决不能做妓女！他后悔了。即使是个妓女，他也得去找她，从地狱中把她救拔出来。他在大学毕业，她刚念完二年级的功课……看着那俩背影，他想起过去的甜美境界。两年的同学，多少次的接触，数不过来的小小的亲密，——积成了一段永难消灭的心史。难道她的一切都是假的？为什么和个伤兵靠着肩？随着她，看她到底往哪里去！

马路上迎面过来一队女兵。只一眼，他收进多少纯洁的脸，正气的眼神，不体面的制服，短而努力前进的腿。她——他急忙把眼又放在那个背影上——莫非也是个女兵？他加快了脚步，已经快追上她，她和那个伤兵进了一座破庙，上台阶的时候，她搀起伤兵的左臂；右臂已失，怪不得像个没捆好的什么行李卷呢。破庙的门垛上挂着个木牌——××××伤兵医院。

林磊一夜没能睡好。那两个背影似乎比什么都更难分析，没有详密的分析，结论是万难得到的。救亡图存的大计，在他心中，是很容易想出来的；只要有一定的立场而思路清楚便会有好的言论与文章；大家都照着文章里的指示去作，事情是简单的。那两个背影却是极难猜透的谜。尽他所能的往好里想：她舍去小姐的生活，去从军，去当看护，有什么意义呢？多少万职业的士卒，都被打败；多添一半个女兵，女护士，有什么好处呢？女子真是头脑简单的动物！

一清早，他便立在破庙前，不敢进去，也想不出方法见到她。他只觉得头昏。天上有一层薄云，街上没多少行人，小风很凉，他耸着点肩，有意无意的看着那两扇破庙门。

门里有了脚步声，他急忙躲开。一个背着大刀的兵，开开庙门，眼睛直勾勾的立在木牌的前面，好像没有任何思想，任何表情，而只等着向谁发气与格斗。林磊无论如何也不能把她——假若她真是在此地作事——与这样的简单得像块木头的人们调合在一块。一些块干木头，与一朵鲜花；一个有革命思想的女儿，与一群专会厮杀的大汉，怎能住在一处呢？

他开始往回走，把手插在裤袋里，低头看着鼻子里冒出的白气。他的右肩忽然沉了一下，那个长而俊秀的脸离他只有半尺来远，可是眼中并没有湿，唇也并没有颤；反之，她的眼中有股坚定成熟的神气，把笑脸的全部支撑得活泼大方，很实在，而又空灵，仿佛不是要把一些深意打入他个人的心中去，而是为更广泛博大的一些什么而欣喜。

"磊，你怎么来的？"

磊答不出一个字。她的脸比往日粗糙了一些，头发有许久没有电烫，神情与往日大不相同；他得想一想才能肯定的承认她确是旧日的光妍。这么想一想的里面，却藏着些疏远与苦痛。

"磊，你怎么了？怎么直发呆？"光妍赶上了他的步度，靠住他的肩。

他想起那个布口袋。

"家里怎样？"她看了他的脸一下。

磊把手往更深处插了插。

光妳把头低下去:"我的家全完了!父母逃是逃出来了,至今没有信!"

"可是你挺快活?"磊的唇颤动着,把手拔出来一只,擦了擦鼻子。

"我很快乐!"她皱了下眉:"当逃难的时候,父母失散,人财两空,我只感到穷困微弱,像风暴里的一个落叶。后来,遇到一群受伤的将士与兵丁,他们有的断了臂,有的瘸了腿,有的血流不住,有的疼痛难忍。他们可是仍想活着,还想病好再上沙场。他们简单,真是简单,只有一条命,只有一个心眼把命丧在战场!我呢,什么也没有了,可还有这条命。这条命,我就想,须放在一个心眼里;我得作些什么。我就随着他们来到此处;作了他们的姐妹。"

"他们为谁打?他们不知道。"磊给满腹的牢骚打开了闸:"他们受伤,他们死;为什么?不知道;你去救护他们,立在什么立场上,有什么全盘的计划?噢,把一两个伤兵的臂裹好就能转败为胜?"

光妳笑了。"我没有任何立场与计划,我只求卖我个人的力量,救一个战士便多保存一分战斗力。父母可以死,家产可以丢掉,立场主张可以抛开,我要作马上能作该作的事。我只剩了一个理想,就是人人出力,国必不亡。国是我的父母,大家是我的兄弟姐妹。一路军也好,七路军也好,凡是为国流血的都是英雄;凡是专注意到军队的系属而有所重轻的都是愚蠢。"

"完全与青年会,红十字会的愚人一样,"磊的笑声很高,很冷:"妇人之仁!"

"是的,我将永不撒手这个妇人之仁。"她没有笑,也没有一点气:"我相信我自己现在不空虚,因为我是与伤兵们的血肉相亲:我看见了要国不要命的事实,所以我的血肉也须投在战潮中。假若兵们在我的照料劳作而外,还要我的身体,我决不吝惜;我的肉并不比他们的高贵。可是,他们对我都很敬重;我袋中有一角钱也为他们花了,他们买一分钱的花生也给我几个。在这儿,我明白了什么叫作真纯,什么叫作热烈。"

"连报纸也不看?"磊恶意的问。

"不但看,而且得由我详细的讲解;在讲解之中,他们告诉我许多战绩,人名、地名、风景、物产。他们不懂得的是那些新名词,我不懂得的是中国的人、地、事情。他们才是真正的中国人;生在中国,为中国而死,明白中国事。我们,"光妫又笑了,"平日只顾了翻译外国书,却一点不晓得中国事。美国闹什么党派,我们也随着闹,竟自不晓得那是无中生有白天闹鬼!"她忽然立住了,"哟!走过了。"

"走过了什么?"

"肉铺!我出来给刘排长买二毛钱的猪肝。"她扭头往回走,走了两步,又转回来。"他的血流得太多了,医院里又没有优待的饭食;所以我得给他买点猪肝。你有钱没有?这是我最后的两毛钱了!"

林磊掏出一块钱的票子来。她接过去,笑着,跳着,钻进一家小肉铺去。天上的薄云裂开一条长缝,射出点阳光来。也看见了自己的影子,瘦长的在地上卧着。

"妇女是没有理想的,"他轻轻地对自己说:"一个最坏的孩子也是妈妈的宝贝儿!谁给她送一束花,谁便是爱人;到如今,谁流点血便是英雄!"他想毫不客气地把这个告诉她,教她去思索一下。

她由小肉铺轻巧的跳出来,手中托着块紫红的肝。她两眼钉在肝上,嘴角透出点笑,像看着个最可爱的小孩的脸似的。

他急忙的走开。阳光又被云遮住。眼前时时的现出一块紫红的猪肝——猪肝的一边有些人,有些事;猪肝的另一边什么也没有;仿佛是一活一死的两个小世界似的。

一 封 家 信

专就组织上说,这是个理想的小家庭:一夫一妇和一个三岁的小男孩。不过,"理想的"或者不仅是立在组织简单上,那么这小家庭可就不能完全像个小乐园,而也得分担着尘世上的那些苦痛与不安了。

由这小家庭所发出的声响,我们就可以判断,它的发展似乎有点畸形,而我们也晓得,失去平衡的必将跌倒,就是一个家庭也非例外。

在这里,我们只听见那位太太吵叫,而那位先生仿佛是个哑巴。我们善意的来推测,这位先生的闭口不响,一定具有要维持和平的苦心和盼望。可是,人与人之间是多么不易谅解呢;他不出声,她就越发闹气:"你说话呀!说呀!怎么啦?你哑巴了?好吧,冲你这么死不开口,就得离婚!离婚!"

是的,范彩珠——那小家庭的女性独裁者——是懂得世界上有离婚这件事的,谁知道离婚这件事,假若实际的去作,都有什么手续与意义呢,反正她觉得这两字很有些力量,说出来既不蠢野,又足以使丈夫多少着点急。她,头发烫得那么细腻,真正一九三七的飞机式,脸上是那么香润;圆圆的胳臂,高高的乳房,衣服是那么讲究抱身;她要说句离婚,他怎能不着急呢?当吵闹一阵之后,她对着衣镜端详自己，觉得正像个电影明星。虽然并不十分厌恶她的丈夫——他长得很英俊，心眼很忠厚——可是到底她应当常常发脾气，似乎只有教他难堪才足以减少她自己的委屈。他的确不坏，可是"不坏"并不就是"都好"，他一月才能挣二百块钱！不错，这二百元是全数交给她，而后她再推测着他的需要给他三块五块的；可是凭她的脸，她的胳臂，她的乳，她的脚，难道就能在二百元以下充分的把美都表现出来么？况且，越是因为美而窘，便越须撑起架子，看电影去即使可以买二等票，因为是坐在黑暗之中，可是听戏去便非包厢不可了——绝对不能将就！啊，这二百元的运用，与一切家事，交际，脸面的维持——在二百元之内要调动得灵活漂亮，是多么困难恼人的事！特别是对她自己，太难了！连该花在男人与小孩身上的都借来用在自己身上，还是不能不拿搀了麻的丝袜当作纯丝袜子穿！连被褥都舍不得按时拆洗，还是不能回回看电影去都叫小汽车，而得有时候坐那破烂，使人想落泪的胶皮车！是的，老范不错，不挑吃不挑喝的怪老实，可是，只能挣二百元哟！

老范真爱他的女人，真爱他的小男孩。在结婚以前，他立志非娶个开通的美女不可。为这个志愿，他极忠诚的去作事，极俭朴的过活；把一切青年们所有的小小浪漫行为，都像冗枝乱叶似的剪除净尽，单单培养那一朵浪漫的大花。连香烟都不吃！

省下了钱，便放大了胆，他穿上特为浪漫事件裁制的西装去探险。他看见，他追求，他娶了彩珠小姐。

彩珠并不像她自己所想的那样美妙惊人，也不像老范所想的那么美丽的女子。可是她年轻，她活泼，她会作伪；教老范觉得彩珠即使不是最理想的女子,也和那差不多;把她摆在任何地方,她也不至显出落伍或乡下气。于是,就把储蓄金拿出来,清偿那生平最大的浪漫之债,结了婚。

他没有多挣钱的坏手段,而有维持二百元薪水的真本领。消极的,他兢兢业业的不许自己落在二百元的下边来,这是他浪漫的经济水准。

他领略了以浮浅为开通,以作伪为本事,以修饰为美丽的女子的滋味。可是他并不后悔。他以为他应该在讨她的喜欢上见出自己的真爱情,应该在不还口相讥上表示自己的沉着有为,应该在尽力供给她显出自己的勇敢。他得作个模范丈夫,好对得起自己的理想,即使他的伴侣有不尽合理想的地方。况且,她还生了小珠。在生了小珠以后,她显着更圆润,更开通,更活泼,既是少妇,又是母亲,青春的娇美与母亲的尊严联在一身,香粉味与乳香合在一处;他应当低头!不错,她也更厉害了,可是他细细一想呢,也就难以怪她。女了总是女子,他想,既要女子,就须把自己放弃了。再说,他还有小珠呢,可以一块儿玩,一块儿睡;教青年的妈妈吵闹吧,他会和一个新生命最亲密的玩耍,做个理想的父亲。他会用两个男子——他与小珠——的嘻笑亲热抵抗一个女性的霸道;就是抵抗与霸道这样的字眼也还是偶一想到,并不永远在他心中,使他的心里坚硬起来。

从对彩珠的态度上,可以看出他处世为人的居心与方法。他非常的忠诚,消极的他不求有功,只求无过,积极的他要事事对得起良心与那二百元的报酬——他老愿卖出三百元的力气,而并不觉得冤枉。这样,他被大家视为没有前途的人,就是在求他多作点事的缘故,也不过认为他窝囊好欺，而绝对不感谢。

他自己可并不小看自己，不，他觉得自己很有点硬劲。他绝对不为自己发愁，凭他的本事，到哪里也挣得出二百元钱来，而且永远对得起那些钱。维持住这个生活费用，他就不便多想什么向前发展的方法与计划。他永远不去相面算命。他不求走运，而只管尽心尽力。他不为任何事情任何主义去宣传，他只把自己的生命放在正当的工作上。有时候他自认为牛，正因为牛有相当的伟大。

平津像个恶梦似的丢掉，老范正在北平。他必须出来，良心不许他接受任何不正道的钱。可是，他走不出来。他没有钱，而有个必须起码坐二等车才肯走的太太。

在彩珠看，世界不过是个大游戏场，不管刮风还是下雨，都须穿着高跟鞋去看热闹。"你上哪儿？你就忍心的撇下我和小珠？我也走？逃难似的教我去受罪？你真懂事就结了！这些东西，这些东西，怎么拿？先不用说别的！你可以叫花子似的走，我缺了哪样东西也不行！又不出声啦？好吧，你有主意把东西都带走，体体面面的，像旅行似的，我就跟你去；开开眼也好！"

抱着小珠，老范一声也不出。他不愿去批评彩珠，只觉得放弃妻子与放弃国旗是同样忍心的事，而他又没能力把二者同时都保全住！他恨自己无能，所以原谅了彩珠的无知。

几天，他在屋中转来转去。他不敢出门，不是怕被敌人杀死，而是怕自己没有杀敌的勇气。在家里，他听着太太叨唠，看着小珠玩耍，热泪时时的迷住他的眼。每逢听到小珠喊他"爸"他就咬上嘴唇点点头。

"小珠！"他苦痛到无可如何，不得不说句话了。"小珠！

你是小亡国奴!"

这,被彩珠听见了。"扯什么淡呢!有本事把我们送到香港去,在这儿瞎发什么愁!小珠,这儿来,你爸爸要像小钟的爸爸那么样,够多好!"她的声音温软了许多,眼看着远处,脸上露出娇痴的羡慕:"人家带走二十箱衣裳,住天津租界去!小钟的妈有我这么美吗?"

"小钟妈,耳朵这样!"小珠的胖手用力往前推耳朵,准知道这样可以得妈妈的欢心,因为作过已经不是一次了。

乘小珠和彩珠睡熟,老范轻轻地到外间屋去。把电灯用块黑布罩上,找出信纸来。他必须逃出亡城,可是自结婚以后,他没有一点儿储蓄,无法把家眷带走。即使勉强的带了出去,他并没有马上找到事情的把握,还不如把目下所能凑到的一点钱留给彩珠,而自己单独去碰运气;找到相当的工作,再设法接她们;一时找不到工作,他自己怎样都好将就活着,而她们不至马上受罪。好,他想给彩珠留下几个字,说明这个意思,而后他偷偷的跑出去,连被褥也无须拿。

他开始写信。心中像有千言万语,夫妻的爱恋,国事的危急,家庭的责任,国民的义务,离别的难堪,将来的希望,对妻的安慰,对小珠的嘱托……都应当写进去。可是,笔画在纸上,他的热情都被难过打碎,写出的只是几个最平凡无力的字!撕了一张,第二张一点也不比第一张强,又被扯碎。他没有再拿笔的勇气。

一张字纸也不留,就这么偷偷走?他又没有这个狠心。他的妻,他的子,不能在国危城陷的时候抛下不管,即使自己的逃亡是为了国家。

轻轻的走进去,借着外屋一点点灯光,他看到妻与子的轮廓。这轮廓中的一切,他都极清楚的记得;一个痣,一块小疤的地位都记得极正确。这两个是他生命的生命。不管彩珠有多少缺点,不管小珠有什么前途,他自己须先尽了爱护保卫的责任。他的心软了下去。不能走,不能走!死在一处是不智慧的,可是在感情上似乎很近人情。他一夜没睡。

同时,在亡城之外仿佛有些呼声,叫他快走,在国旗下去作个有勇气有用处的人。

假若他把这呼声传达给彩珠,而彩珠也能明白,他便能含泪微笑的走出家门;即使永远不能与她相见,他也能忍受,也能无愧于心。可是,他知道彩珠绝不能明白;跟她细说,只足引起她的吵闹;不辞而别,又太狠心。他想不出好的办法。走?不走?必须决定,而没法决定;他成了亡城里一个困兽。

在焦急之中,他看出一线的光亮来。他必须在彩珠所能了解的事情中,找出不至太伤她的心,也不至使自己太难过的办法。跟她谈国家大事是没有任何用处的,她的身体就是她的生命,她不知道身外还有什么。

"我去挣钱,所以得走!"他明知这里不尽实在,可是只有这么说,才能打动她的心,而从她手中跑出去。"我有了事,安置好了家,就来接你们;一定不能像逃难似的,尽我的全力教你和小珠舒服!"

"现在呢?"彩珠手中没有钱。

"我去借!能借多少就借多少;我一个不拿,全给你们留下!"

"你上哪儿去?"

"上海,南京——能挣钱的地方!"

"到上海可务必给我买个衣料!"

"一定!"

用这样实际的诺许与条件,老范才教自己又见到国旗。由南京而武汉,他勤苦的工作;工作后,他默默的思念他的妻子。他一个钱也不敢虚花,好对得住妻子;一件事不敢敷衍,好对得起国家。他瘦,他忙,他不放心家小,不放心国家。他常常给彩珠写信,报告他的一切,歉意的说明他在外工作的意义。他盼家信像盼打胜仗那样恳切,可是彩珠没有回信。他明知这是彩珠已接到他的钱与信,钱到她手里她就会缄默,一向是如此。可是他到底不放心;他不怨彩珠胡涂与疏忽,而正因为她胡涂,他才更不放心。他甚至忧虑到彩珠是否能负责看护小珠,因为彩珠虽然不十分了解反贤妻良母主义,可是她很会为了自己的享受而忘了一切家庭的责任。老范并不因此而恨恶彩珠,可是他既在外,便不能给小珠做些忽略了的事,这很可虑,这当自咎。

他在六七个月中已换了三次事,不是因为他见利思迁,而是各处拉他,知道他肯负责作事。在战争中,人们确是慢慢的把良心拿出来,也知道用几个实心任事的人,即使还不肯自己卖力气。在这种情形下,老范的价值开始被大家看出,而成为了干员。

他还保持住了二百元薪金的水准,虽然实际上只拿一百将出头。他不怨少拿钱而多作事;可是他知道彩珠会花钱。既然无力把她接出来,而又不能多给她寄钱,在他看,是件残酷的事。他老想对得起她,不管她是怎样的浮浅无知。

到武昌,他在军事机关服务。他极忙,可是在万忙中还要担心彩珠,这使他常常弄出小小的错误。忙、忧、愧,三者一齐进攻,他有时候心中非常的迷乱,愿忘了一切而又要同时顾虑一切,很怕自己疯了,而心中的确时时的恍惚。

在敌机的狂炸下,他还照常作他的事。他害怕,却不是怕自己被炸死,而是在危患中忧虑他的妻子。怎么一封信没有呢?假若有她一封信,他便可以在轰炸中无忧无虑的做事,而毫无可惧。那封信将是他最大的安慰!

信来了!他什么也顾不得,而颤抖着一遍二遍三遍地去读念。读了三遍,还没明白了她说的是什么,却在那些字里看到她的形影,想起当年恋爱期间的欣悦,和小珠的可爱的语声与面貌。小珠怎样了呢?他从信中去找,一字一字的细找;没有,没提到小珠一个字!失望使他的心清凉了一些;看明白了大部分的字,都是责难他的!她的形影与一切都消逝了,他眼前只是那张死板板的字,与一些冷酷无情的字!

警报!他往外走,不知到哪里去好;手中拿着那封信。再看,再看,虽然得不到安慰,他还想从字里行间看出她与小珠都平安。没有,没有一个"平"字与"安"字,哪怕是分开来写在不同的地方呢;没有!钱不够用,没有娱乐,没有新衣服,为什么你不回来呢?你在外边享福,就忘了家中……

紧急警报!他立在门外,拿着那封信。飞机到了,高射炮响了,他不动。紧紧的握着那封信,他看到的不是天上的飞机,而是彩珠的飞机式的头发。他愿将唇放在那曲折香润的发上;看了看手中的信纸;心中像刀刺了一下。极忙的往里跑,他忽然想起该赶快办的一件公事。

刚跑出几步,他倒在地上,头齐齐的从项上炸开,血溅到前边,给家信上加了些红点子。

恋

在成都的西龙王街，北平的琉璃厂与早市夜市，济南的布政司街，我们都常常的可以看到两种人。第一种是规规矩矩，谨谨慎慎，与常人无异的；他们假若有一点异于常人的地方，就是他们喜欢收藏字画、铜器，或图章什么的。这点嗜好正像爱花，爱狗，或爱蟋蟀那样的不足为奇。以职业而言，他们也许是公务人员，也许是中学教师。有时候，我们也看见律师或医生，在闲暇的时候去搜检一些小小的珍宝。这些人大致都有点学识。他们的学识使他们能规规矩矩的挣饭吃。他们有的挣得钱多，有的挣得钱少，但他们都是手中有了余钱，便花费在使他们心中喜悦而又增加一些风雅的东西上。有时候，他们也不惜借几块钱。或当两件衣服，好使那爱不释手的玩艺儿能印上自己的图章，假若那是件可以印上图章的物件。

第二种人便不是这样了。他们收藏，可也贩卖。他们看着似乎很风雅，可是心中却与商人没什么差别。他们的收藏差不多等于囤积。

现在我们要介绍的庄亦雅先生是属于第一种的。

庄先生是济南的一位小绅士。他之取得绅士的地位，绝不是因为他有多少财产，也不是因他的前辈作过什么大官。他不过是个普通的大学毕业生，有时候作作科员，有时候去当当中学教师。但是，对人对事都有一份儿热心，无论是在机关里，还是学校里，他总是个受人之托，劳而无怨的人。他不见得准能把事办得很漂亮，但是他肯于帮朋友的忙。事情办多，他便有了经验。社会上大家都是懒惰的，往往因为自己偷懒，而把别人的一分经验看成十分。因此，庄先生成为亲友中的重要的人，成为商店饭馆的熟客，成为地方上的小绅士。

从大体上说，他是个好人。从大体上说，他也是个体面的人。中等身材，圆圆的脸，两个极黑极亮的眼珠，常常看着自己的胸和鼻子，好像怕人家说他太锋芒外露似的。他的腿很短，而走路很快，终日老像忙得不得了的样子。有时候，他穿中山装；有时候，他穿大褂；材料都不大好，可是全很整洁。襟上老挂着个徽章。

他结了婚；没有儿女。太太可是住在离城四十多里的乡村里。因为事多，他不常常下乡，偶尔回一次家，朋友们便都感觉得寂寞，等到他一回来，他的重要就又增加了许多。有好多好多事都等着他的短腿去奔跑呢。

虽然走得很快，他的时时打量着自己胸部或鼻子的眼可是很尖锐。路旁旧货摊上的一张旧黄纸，或是一个破扇面，都会使他从老远就杀住脚步，慢慢的凑到摊前，然后好像是绝对偶然立住。他爱字画。先随手的摸摸这个，动动那个，然后笑一笑，问问价钱。最后，才顺手把那张旧纸或扇面拿起来，看看，摇摇头，放下；走出两步，回头问问价钱，或开口就说出价钱："这个破扇面，给五毛钱吧。"

块儿八毛的，一块两块的，他把那些满是虫孔的，乌七八黑的，摺皱的像老太婆的脸似的宝贝，拿回去。晚上，他锁好了屋门，才翻过来掉过去的去欣赏，然后编了号数，极用心的打上图章。放在一只大楠木箱里。这点小小的辛苦，会给他一些愉快的疲乏，使他满意的躺在床上，连梦境都有些古色古香似的。

大小布政司街的古玩铺，他也时常的进去看看。对于那些完整的，有名的，成千成百论价的作品，他只能抱着歉意的饱一饱眼福。看罢，惭愧的一笑，而后必恭必敬的卷好，交还人家。他只能买那值三五块钱的"残篇断简"，或是没有行市的小名家的作品。每逢进到这些满目琳琅的铺子里，他就感到自己的寒酸。他本来没有什么野心，但是一进古玩店，他便想到假若发了财，把那几幅最名贵的字画买回家去，盖上自己的图章，该是多么得意的事呀！

"看一看"便是主顾，这是北方商家的生意经。虽然庄先生只"看"贵的，而买贱的，商人家可并不因此而慢待了他。他们愿意他来看，好给他们作义务宣传。同时，他们有便宜而并不假的东西，还特意的给他留着。他们知道"爱"是会生长的东西，只要他不断的买小件，有那么一天他必肯买一件大的。

一来二去，庄先生成了好几家古玩铺的朋友。香烟热茶，不用说，是每去必有了；他们还有时候约他吃老酒呢。他不再惭愧。果然不出所料，他给他们介绍了生意。那些有钱而实在无处去花的人，到最后想到买几幅字画，或几件古董，来作富户的商标。他们钻天觅缝的找行家，去代他们做义务的买办，唯恐花了冤枉钱。很自然的，他们找到庄亦雅先生——既是绅士，又肯帮忙，而且懂眼。

在做这种义务买办的时候，庄先生感到了兴奋与满意。

打开，卷起，再打开；一张名画经他看多少次，摸多少回，每回都给他带来欣悦，都使他增加一些眼力与知识。在生意成交之后，买主卖主都请他吃酒。吃酒事小，大家畅谈倒事大，他从大家的口中又得到许多知识。再说，几次生意成交之后，他的地位也增高了许多。可以大胆地拒绝商人们特意给他保留着的小物件了。"这两天手里没闲钱，"或是"过两天再说吧！"他这样的表示出，你们不能塞给我什么，我就拿什么，我也有眼力。为应付这个，商人们又打了个好主意，把他称作"收藏山东小名家的专家"。以庄先生的财力，收藏家这头衔是永远加不到他身上的。而今，他居然被称为收藏家了，于是也就不管那个称号里边所含的讽刺，而坦然的领受了。

有了这个头衔以后，庄先生想名符其实的真去作个专家。他开始注意山东省的小名家，而且另制了一只箱子，专藏这路的作品。现在，他肯花一二十块，甚至三十块钱，买一张字或画了，只要那是他手中还没有的乡贤的手迹。他不惜和朋友们借债，或把大衣送到当铺去；要作个专家就不能不放开一点胆子喽。这些作品的本身未必都有艺术的价值，搁在以前，他也许连看也不要看，但是现在他要花十块二十块的去买来了。收藏是收藏，他可以，甚至应当，和艺术的价值分离，而成为一种特异的，独立的，嗜癖与欣悦。

在以前，那用三毛两毛买来的破纸烂画的上面，也许只有一朵小花，或两三个字，是完整的，看得清楚。但是那的确是一朵美丽的花，或可爱的字。他真喜爱它们，看了还要再看。他锁上房门去看它们，一来是为避免别人来打搅，二来也是怕别人笑他。自从得了专家的称呼，他不但不再锁起门来,而且故意的使大家知道了。每逢得到一件新的小宝物,他的屋里便拥满了人。他的极黑极亮的眼珠不再看着自己的鼻子,而是兴奋的乱转,腮上泛起两朵红的云。他多少还有点腼腆,但是在轻咳过一两次后,他的胆子完全壮了起来。他给他们讲说那小名家的历史,作风,和字或画上的图章与题跋。他不批评作品的好坏,而等着别人点头称赞。假若大家看完,默默不语,他就再给大家讲说,暗示出凡是老的,必是好的,而且名家——即使是小名家——的手下是没有劣品的。他的话很多,他的心跳得很快,直到大家都承认了那是张杰作的时候,他才含笑的把它卷好,轻轻放下;眼珠又去看看鼻子。

他的收入,好几年没有什么显然的增减。他似乎并不怎样爱钱。假若不是为买字画,他满可以永远不考虑金钱的问题。他有教书或作事的本领,而且相当的真诚,又没有什么不良的嗜好,在他想,顾虑生计简直是多此一举。

自从被称为专家,他感到生活增加了趣味与价值,在另一方面可是有点恨自己无能,不能挣更多的钱,买更好的字画。虽然如此,他可是不肯把字画转手,去赚些钱。好吧坏吧,那是他的收藏,将来也许随着他入了棺材,而绝对不能出卖。他不是商人。有时候,他会狠心的送给朋友一张画,或一幅字,可是永没有卖过。至多,他想,他只能兼一份儿差事,去增加些收入。但是事情多了,他便无暇去遛山水沟,和到布政司街去饱眼福。他需要空闲,因为每一张东西都须一口气看几个钟头。

既不能开源,他只好节流。这可就苦了他的太太。本来就不大爱回家,现在他更减少了回去的次数。这样,每逢休假的日子,他可以去到古玩铺或到有同好的朋友的家中去坐一整天;要不然,就打开箱子,把所有的收藏都细看一遍,甚至于忘了吃饭。同时,他省下回家来往的路费与零钱。对家中的日用,他狠心的缩减。虽然他也感到一点惭愧,可是细一想呢,欺侮自己的太太总比做别的亏心事要好的多。

在七七抗战那年的春天,朋友们给庄亦雅贺了四十的寿日。他似乎一向没有想过他的年纪,及至朋友们来到,他仿佛才明白自己确是四十岁的人了。他是个没有远大的志愿与无谓的顾虑的人,可是当贺寿的人们散了以后,他也不由的有点感触。四十岁了,他独自默想,可有什么足以夸耀于人的事呢?想来想去,只有一件。几年来,他已搜集了一百多家山东小名家的字画。这的确是一点成绩。前些日子,杨可昌——济南的一位我们所谓的第二种收藏家——居然带来两个日本人来看他的收藏。当时,他并没感到什么得意。反之,那些破纸烂画使他有点不好意思拿出来。可是,在四十的寿日这天一想,这的确有很大的意义。他跑腿花钱,并不是浪费。即使那些东西是那么破烂不堪,但是想想看吧,全国里有谁,有谁,收藏着一百多家山东的小名家呢?没有第二份儿!连日本人都来参观,哼,他的这点收藏已使他有了国际的声誉!他闭上了眼,细细的,反复前后的想,想把这点事看轻,看成不值一笑的事体。然而,这却千真万确,日本人注意到他的收藏是一点也不假。即使自己过火的谦虚,而事实总是事实。想到这里,他在惭愧,感慨,无可如何之中,感到了一点满意。生平没有别的建树,却"歪打正着"的成为收藏家,也就不错。这一生总算没有白活。人死留名,雁过留声呀!为招待亲友,他也很疲乏,但是想到这里，他又兴奋起来，把那一百多家的作品要从新看一遍。拿起任何一张，他都不忍释手，好像它们又比初买的时候美好了多少倍。就是那些虫孔都另有一种美丽，那些尘土都另有一种香味。看到第三十二张，他抱着它睡去了。

寿日的第二天，他发了个新的誓愿：我，庄亦雅，要有一件真值钱的东西！

夏初，一家小古玩商得到一张石谿的大幅山水，杨可昌与庄亦雅前后得到了消息。杨先生想赚一笔钱，庄先生想花一笔钱买过来，作传家之宝。那张山水画得极好，裱工也讲究，可惜在左下角有图章的地方残缺了一块。图章是看不见了；缺少的一角画面却被不知哪个多事的人补上几笔，补得很恶劣。杨先生是迷信图章的。既无图章，而补的那几笔又是那么明显的恶劣，所以他断定那幅画是假的。虽然他也知道那是张精品。在鉴赏之外，自然他还另有作用。他想用假画的价钱买过来，而后转手卖给日本人。他知道，那张画确是不错；而且，即使是假的，日本人也肯出相当高价买去。因为石谿在东洋正有极大的行市。

杨先生是济南鉴别古董的权威，而好玩古董的人多数又自己没长着眼睛，于是石谿的那张画便成了大家开心的东西。"去看看假石谿呀！"当他们没有事的时候，就这样去与那位小古玩商开个小玩笑。来看的人很多，而没有出价钱的——谁肯出钱买假东西呢？

最后，杨先生，看时机已熟，递了个价——二百五十元，不卖拉倒。他心中很快活，因为他一转手就起码能卖八百元，干赚五六百！

庄先生也看准了那张画。跑了不知多少次，看了不知多少回,他断定那一定是真的。每看一次,他的自信心便增高一分,要买到手里的决定也坚强了一些。但是,每看一次,他的难过也增加了许多。他没有钱。

有好几天,他坐卧不安,翻来复去的自己叨唠:"收藏贵精不贵多!石谿!石谿!有一张石谿岂不比这两箱陈谷子烂芝麻强?强的多!这两箱子算什么?有一张石谿才镇得住呀!哪怕从此以后绝对,绝对不再买任何东西呢,这张石谿非拿来不可……"他想去借钱,又不好意思。当衣服?没有值钱的。怎办呢?怎办呢?

及至听到杨先生出了二百五十元的价,他不能再考虑,不能再坐。一口气,他跑到小古玩店。他的手心出着汗,心房嘣嘣的乱跳,越要镇静,心中越慌,说话都有点结巴:

"我,我,我再看看那张假石谿!"

画儿打开。他看不清。眼前似乎有一片热雾遮着。其实他用不着再看,闭着眼他也记得画上的一切,愣了一会儿,他低声的说:

"我给五百!明天交钱!怎样?"

他闭住气等待回答,像囚犯等着死刑的宣判似的。好容易,他得到了商家的"好吧"两个字。他昏迷了一小会儿。然后疯也似的跑回家,把太太的金银首饰,不容分说的,一股拢总都抢过来,飞快的又往回跑。

他得到了那张画。

可是,也和杨先生结了仇。

杨先生,因为没得到那件赚钱的货物,到处去宣传庄亦雅是如何可笑的假内行,花五百元买了一张假画。全济南的收藏家几乎都拿这件事作为茶余酒后说笑话的好资料,弄得庄亦雅再也不敢在光天化日之下去逛古玩铺。可是，他并不妥协，既不肯因闲话而看轻那张画，也不肯因恢复名誉而把画偷偷的再卖出去，他仍旧相信，他是用最低的价钱得到一幅杰作。

在六月间，由北平下来一位姓卢的鉴赏家。卢先生的声望是国际的，字画上只要有他的图章，就是欧美的收藏家也不敢微微的摇一摇头。庄亦雅把那张石谿拿去给卢先生看，卢先生没说什么，给画上打了个图章。等庄亦雅抱着画要走的时候，卢先生才很随便的问了声："我给你一千二，你肯让给我不呢？"庄亦雅没敢回答什么，只把画儿抱紧了一些。"没关系！"卢先生表示了决不夺人所好。庄亦雅抱歉的，高兴的惶惑而兴奋的，告了辞。

杨可昌低声下气的来看庄亦雅。他知道自己的眼力与声誉远不及卢先生。卢先生既说那张石谿是真的，他自己要是再说它是假的，简直就是自己打碎自己的饭碗。他想对庄亦雅说明，他以前的话不过是朋友们开开小玩笑，请庄先生不要认真。庄亦雅没有见他！

七七抗战。济南也与其他的地方一样，感到极度的兴奋。庄亦雅也与别人一样，受了极大的刺激，日夜期待着胜利的消息。

消息，可是，越来越不好。最使人不安的是车站上的慌乱与拥挤。谁也不知道上哪里去好，而大家都想动一动；车站上成为纷乱与动摇的中心。庄先生看着朋友们匆匆的逃往上海，青岛，南山，而后又各处逃了回来。他心中极其不安，但是不敢轻意的逃走，他是济南人，他舍不得老家。再说，即使想逃，应当跑到哪里去呢？逃出去，怎样维持生活呢？他决定看一看再说。好在自己还没有儿女，等到非跑不可的时候，他和太太总会临时想主意的。

沧州沦陷了，德州撤守了，敌机到了头上，泺口炸死了人，千佛山上开了高射炮。消息很乱，谣言比消息更乱。庄亦雅决定先下乡躲一躲。别的且不讲，他怕那两箱子画和石谿毁灭在炸弹下。腋下夹着石谿，背上负着一大包袱小名家，他挤出城去。雇不着车子。步行了十里。听到前边有匪。他飞快的往回跑。跑回来，他在屋中乱转了有十分钟。他不为自己忧虑什么；对太太，他简直的不去费什么心思。乡下人有几亩地，地不会被炮火打碎，用不着关心。他只愁石谿与那些小名家没有安全的地方去安置。又警报了。他抱着那些字画藏在了桌子底下。远处有轰炸的声响。他心里说："炸！炸吧！要死，我教这些字画殉了葬！"

敌人已越过德州，可是"保境安民"的谣言又给庄亦雅一点希望。他并非完全没有爱国的心，他不愿听这类可耻的谣言。可是，为了自己心爱的东西，仿佛投降也未为不可。

杨可昌来看了他一次，劝他卖出那张石谿，作为路费，及早的逃走。"你不能和我比，"他劝告庄先生，"我是纯粹的收藏家，东洋人晓得。你，你作过公务人员和教员，知识分子，东洋人来到，杀你的头不可！"

"杀头？"庄亦雅愣了一会儿。"杀头就杀头，我不能放手我的石谿！"

杨可昌走后，庄先生决定不带着太太，而只带着石谿与山东小名家逃出去。但是，走不成。敌机天天炸火车。自己没关系，石谿比什么也要紧。他须再等一等。

敌人到了。他并不十分后悔。每天，他抱着石谿等候日本人,自言自语的说:"来吧!我和石谿死在一处!"

等来等去,又把杨先生等来了。

庄亦雅,本是个最心平气和的人,现在发了怒。这些日子所受的惊恐与痛苦,要一股脑儿在杨可昌身上发泄出来:"你又干吗来了?国都快亡了,你还想赚钱吗?"

"不必生气,"杨可昌笑着说,"听我慢慢的说。你知道东洋人最精细,咱们谁手里收藏着什么,他们全知道。他们知道你有石谿。他们的军队到,文人也到。挨家收取古物。你要脑袋呢,交出画来。要画呢,牺牲了脑袋!"

"好!我的脑袋,我的画都是我自己的!请不必替我担心!"

"你真算个硬汉!"

"硬不硬,用不着你夸奖!"

"别发脾气好不好?"杨先生又笑了。"告诉你吧,我不是来跟你要画,我来给你道喜!"

"道喜?你干吗跟我开这个玩笑呢?"

杨先生的脸上极严肃了:"庄先生!东洋人派我来,请你出山,作教育局长!"

"嗯?"庄亦雅像由梦中被人唤醒似的发出这个声音来。待了一会儿,"我不能给东洋人作事!"

"我忙得很,咱们脆快的说吧。"杨先生的眼像要施行催眠术似的钉住庄亦雅的脸。"你要肯答应作局长,你可以保存这点世上无双的收藏,不但保存,东洋人还可以另送你许多好东西呢!你若是不肯呢!他们没收你的东西,还要治罪——也许有性命之忧吧!怎样?"

好大半天,庄先生说不出话来。

"怎样?"杨先生催了一板。

庄先生低着头,声音极微的说:"等我想一想!"

"要快。"

"明天我答复你!"

"现在就要答复!"杨先生看了手表,"五分钟内,给我'是',或是'不是'!"

杨先生的一枝香烟吸完,又看了看表。"怎样?"

庄亦雅对着那两只收藏字画的箱子,眼中含着泪,点了点头。

恋什么就死在什么上。

八　太　爷

王二铁只念过几天私塾，斗大的字大概认识几个。他对笔墨书本全无半点好感，却喜的是踢球打拐，养鸟放风筝。他特别不喜爱书本。给他代替书本的是野台戏评书，和乡里的小曲与传说——他从这里受到教育。

他羡慕闲书、戏出与传说中的英雄好汉，而且在乡间械斗与唱戏的时候，他的行动，在他自己想，也的确有些英雄好汉的劲儿。就以唱戏来说吧，他总被管事的派作台下打手。假若有人在戏场上调戏妇女或故意捣乱，以至教秩序没法维持下去，管事的便大喝一声"拉出去"，而王二铁与其余的打手，便把闹事的拉出去饱打一顿。这样的尽力维持秩序，当然有一点报酬：管事的把末一天的戏完全交给打手们去调动，打手就必然的专点妇女们绝不敢来看的戏，而尽量的享受一天。可是，打手们的业务与权利并不老是这么轻快可喜。假若被打的人想报复，而结队前来挑战骂阵，即使是在戏已杀台后的许多天，打手们也还得义不容辞的去迎战；宁可掉了脑袋，也不能屈膝。掉脑袋的事儿虽然不是好玩的，可是为了看末一天的"荣誉"戏，王二铁与他的伙伴们谁也不肯退后示弱；只要有戏他们总是当然的打手。

在王二铁所知道的一批英雄之中，如张飞、李逵、武松、黄天霸等，他最佩服康小八。这有些原因：第一，康小八是在西太后当政的时候,使北京城里城外军民官吏一概闻名丧胆,而且使各州府县都感到兴奋与恐怖的人物。现在的七八十岁的老人,还有亲眼看见过他的。口头的描写比文字更有力量。王二铁只在舞台上看见过黄天霸与李逵,可是常由人们的口中听到康小八;康小八差不多是还活着呢。黄天霸只会打镖,而康小八用的是一对手枪。手枪,这是多么亲切,新颖,使人口中垂涎的东西呀!有了会打手枪的好汉在眼前,谁还去羡慕那手使板斧,或会打甩头一子的人物呢。第二,据说康小八是个黑矮个子,有两条快腿。王二铁呢,也是面黑如铁,而且身量不高。他的伙伴们往往俏皮他面黑身短。他明知道这不过是大家开开玩笑,并无损于他的尊严,可是他心中总多少有点不大得味儿。他想洗刷这个小小的"污点"。舞台上的黄天霸,他看,老是很漂亮的脸上敷粉,头上戴满了绒球的人。他开始反对黄天霸。及至他看过了《东皇庄》,扮康小八的是便衣薄底快靴,远不及黄天霸的漂亮威风,而耍的却是真刀真枪,他马上得到了一个满意的结论:黄天霸不过是个小白脸,康小八——跟他自己一样的又矮又黑——才是真正的好汉,为了这个结论,他和伙伴们打过许多次架。越打架,他越下工夫练拳,踢桩子,摔跤,拿大顶,好去在众人面前证明他是康小八转世,而康小八的确比黄天霸更利害。

拳头硬会使矮子变成高子,黑的变成白的。没人再敢俏皮王二铁了,因为痛快了嘴而委屈了身上是不大合算的。可是,拳头也还有打不到的地方。大家不敢明言,却在背地里唧咕。他们暗中给他起了个外号——东洋鬼!在形相上,东洋鬼暗示出矮的意思;在心理上,大家表示出恨恶他,正和恨恶日本人似的。

二铁的憎恶日本人,正和别的乡下人一样。他不知道日本侵略中国的历史,但是日本人这一名词在他心中差不多和苍蝇臭虫同样的讨厌。现在"东洋鬼"加在他自己身上了,他没法忍受。他想用拳头消灭这个可恶的绰号。可是,大家并不明言,而只用眼光把它射出来!他想离开故乡。

他早就想离开家乡——北平北边,快到昌平的大柳庄。为了实现自己的理想,他非走不可。他的身量、面色、力气、脚程,都像康小八。康小八是个赶驴的,他自己是庄稼汉,好汉不怕出身低呀。面对着北山,他时常出着神的盘算:假若有几百喽啰兵,由他率领,把住山口,打劫来往客商。而后等粮足马壮,再插起杏黄旗替天行道,救弱扶贫,他岂不就成了窦尔敦么?但是,窦寨主也比不了康小八。康八太爷没有喽啰,没有山寨,而敢在北京城里作案。作了案之后,大摇大摆的走进茶馆酒肆,连办案的巡缉暗探都得赶过来,张罗着会八太爷的钞。一语不合,掏出手枪,砰!谁管你是公子王孙,还是文武官员,八太爷是毫不留情的。到投案打官司的时候,人家八太爷入了北衙门,还是脚上没镣,手上没铐,自自在在的吃肉喝酒耍娘们。在南衙门定案之后,连西太后都要看看这个黑矮子。到了菜市口,八太爷自己跳上凌迟柱子下倒放着的筐子,面不改色。不准用针点心,不准削下头皮遮住眼睛,人家八太爷睁眼看着自己的乳头,自己的胳臂被刽子手割下,而含笑的高声的问:"八太爷变了颜色没有?"成千成万的人一齐喝彩:"好吗!"这才算是好汉,连窦尔敦也还差点劲儿啊!

康小八差不多附了二铁的体。二铁不闲着则已,一有空闲，他就不由的质问自己，为什么那个黑矮子可以做出惊天动地的事来，而自己这个黑矮子只蹲在家里拔麦子耪大地？他渴想得到一把手枪。有了枪，他便上北平。他不再面对着北山出神了，北平才是真正可以露脸的地方；他的心和脸一齐朝了南。

可是，他得不到手枪。即使能以得到，他也还走不开。他的老母亲还活着呢。他并不怕母亲，也未曾从书本上明白了何为孝道。也许是什么一点民族文化的胶合力吧，把他多多少少的粘在中国的历史上，他究竟是个中国人，因而他对母亲就有许多不好意思的地方。好像母亲的手中有一根无形的绳子，把他这条野驴拴在门外的榆树上。他时时想不辞而别。有时候他真的走出一二十里去，虽然腰里没有手枪，可是带着一些干粮。走来走去，他拨转了马头。不行，老母亲的白发与没了牙的嘴不容许他去作英雄。走回家来，他无论是拔麦子，还是劈高粱叶，都在全村考第一。他把作英雄的力气用在作庄稼活上。不为讨谁的好，只为把力气消耗出去。因此，虽然他被仇人们叫作"东洋鬼"，可是一般的人凭良心说话的时节，还不能不夸赞他两句："二铁虽然是好闹事的胡涂虫，对他娘可是还不错呀！"

在七七抗战那年的春天，王老太太死了。二铁哭了一大阵，而后卖了二亩田，喝了半斤白干，把母亲埋葬了。丧事办完之后，他没心去作什么，只穿着孝袍子在村子外边绕来绕去。正是农忙的时候，而二铁绝对不肯去忙。村中的老人们看出点危险来。在吃过晚饭，点上叶子烟的时候，他们低声的说出预言："这小子没了娘，还怕谁呢？看着吧，说不定就会好吃懒作，把田卖净。再没事儿弄点猫尿，喝醉了胡来。把钱花光，他要不作贼，算我没长来眼睛！"随着这预言而来的恐惧不止一款：他会酗酒闹事，会调戏妇女，会勾结土匪，会引诱年轻人学坏……

可是，二铁毫无动作。他常常坐在母亲的坟头儿前面，脸朝南发愣。要不然，他在村外的水塘边上去照自己的脸。白色的孝衣，把他的脸衬得更黑。他一边照影，一边用手摸他的脸。他的脸上每一块肉几乎都是硬的，处处都见棱见角。这样坚硬而多棱角的脸是不会很体面的，可是摸起来倒教他高兴，硬汉当然有一幅硬脸啊。只有他的矮趴趴的鼻子头有点软活劲儿。当他看厌了自己的时候，他便抬着头出神，用三个手指揪，揉，拉，他的鼻头，好像很好玩似的。

忽然的，他把所有的一点点的全卖了。卖得很便宜。村中的长辈们差不多不敢正眼看他了，他们预言的一部分已经应验，而提心吊胆的等待着明天的发展。同时，卖肉的，卖酒的，甚至于连推车卖布的，都一致的在王家门外多吆喝几声。有时候，他们在路上遇到他，便也立住和他闲扯几句，而眼光射在他的腰间。可是，他的手老不去掏他的腰包。他早晚依旧练工夫。赌徒们，本村的和外村的，时常搭讪着来陪他练，希望练完工夫，他也陪他们去玩玩牌九。有一天，他发了怒："我的钱是留着买枪的！滚蛋！"

买枪！买枪！买枪！一会儿传遍了村里村外。长老们的心要从口中跳出来！

忽然的，王二铁不见了。

买枪去了！买枪去了！大家争着代他宣传，而且猜测枪到了手以后，二铁究竟要干什么。有人为这个事打了赌。

过了一个多月，大家都等得不耐烦了，二铁才满头大汗的走了回来。他已脱了孝衣而穿上一身阴丹士林的新蓝裤褂。大家马上都变成了侦探,想设法看到他的手枪。假若他把枪带在腰间,就应当很容易被看到,因为他只穿着一身单裤褂。可是,大家谁也没能发现什么。他有时候打赤背,腰间除了一根宽宽的硬带子,什么也没有。

放牛的孩子们,渐渐成了重要人物。二铁常常独自走出很远,而村子里的人起着誓说,他们千真万确的听到远处有枪声。这一定是二铁在荒僻的地方打靶吧,或者,哼,也许是劫人呢!大人没有工夫,放牛的孩子们会拐弯抹角的钉梢。孩子们虽然也没亲眼看见二铁真的在某处打靶,或劫人,可是他们的报告总会供给大家以疑神疑鬼——这自然是很有趣的——的资料。

六月底,二铁想卖掉他的三间土房。没有人敢买。碰了几个钉子之后,他把村长——一位五十多岁而还吃斤饼斤面的干巴老头儿——像窦尔敦拉黄天霸似的,拉到自己的门前。把村长按在磨盘上,他坐在一束高粱秆儿上。开门见山的,他告诉村长:

"我卖这三间土房,马上用钱,你给我卖!"

村长用像老树根子的手指,梳了梳短须而后摇了摇头。

"你不管?"二铁立起来。

"我知道你要干什么呢?"

"那你不用管,"二铁往前凑了一步。"我问你,要这三间土房不要?"

村长又微微摇了摇头。

二铁又往前凑了一步。手往腰门按了按。

"二铁!"村长咽了一口唾沫。"二铁!你是个好孩子,有力气,有本事,为什么不好好的成个家,生儿养女,像个人似的呢?卖房子卖地,你对得起你的老人们吗?你说!"

二铁的眼看着地上的一条花毛虫,只看了一秒钟。然后他的眼对准了村长的,眼珠和脸都忽然的更黑了。"你知道我是谁吗?"

"废话!你难道不是二铁?"

"我是康小八!我黑,我矮,我有力气,我腿快,我还有枪!"他喘了一口气。"这个破村子留不住我,我要上大城里去作个好汉!赶明儿个,你听说大城里头又出了康小八,那就是我!先不用害怕,我不在这个破村子里吓吓你们土头土脑的人。我要站在前门外头,劫两辆汽车,给你们看看!"

"噢!"老头儿慢慢的立起来,想要走开。

二铁一把抓住老者的腕子。"别走!这三间房子怎么办?为这屁股大的一点地和这间臭房,就值得我干一辈子的吗?"

"我,我不管!康小八是个贼!"

"什么?"二铁的手握紧了些。

"我是说呀!"老人故意的拿腔作调,"康小八是个贼,好人不做贼!"

二铁的手去摸枪。他晓得康小八永远是先开枪,免得多费话。

老人笑了笑,镇静而温和的说:"告诉你,二铁,而今不是那个年头了。想当初,康小八有枪,别人没有,所以能横行霸道,大闹北京城。而今,枪不算什么稀罕物儿了,恐怕你施展不开。我说的是实话,听不听随你!"说完,老人又微笑了笑,从容的夺出自己的手来,慢慢的走开。

二铁愣住了。他的脑子——没受过任何训练——是不会细想什么的。平日,只凭心血来潮,要作什么就作了,结果如何,全不考虑。今天,听到村长的话,他的心中凉了一下,把要掏枪就打的热劲儿减低了许多度。他的手离开了枪。心中好像要想什么。但是,他没有思索的习惯,心中只觉得发堵,不,他不能这样轻易屈服,他得作点什么,使心中畅快。他极快的掏出枪来,赶上几步,高声的喊道:

"你站住!"

村长站定了。

"这三间土房,交给你看着。能卖就卖;不能卖,你给看着!不听话,你看这个!"二铁举起枪来,砰!一颗子弹打进老榆树的干子去。"我走啦,再回来的时候,我就是真正的康小八了!"说罢,他几乎是擦着村长的肩头,迈着大步,向南走去,枪还在手中提着。村人听到枪响,争着往门外跑,可是一看见提着枪的二铁,又都把头缩回门里去。

走到了安定门的关厢,二铁还打听哪里是北平呢。及至听到"这就是北平",他还不敢相信。在他的心中,北平到处是宝石砌的墙,街上的树都是一两丈高的珊瑚,怎么这个关厢也这么稀松平常呢?更使他伤心的是他已经看到拿枪的人,保安队,宪兵,都有枪!事前不详加考虑的人,后悔也最快。他后悔了。不错,凭他那四五亩田,和三间土房,他辛苦的干一辈子恐怕连个老婆也混不上,更不要说做什么英雄好汉了。可是,现在他还没有看到有饭碗大的金刚钻,与比馒头还大的金钉子的皇宫内院,而已经看到许多的枪,长的短的,还有明晃晃的刺刀。他晓得,要是不拿家伙而专比拳脚,上来十个八个壮汉,他也不在乎。可是,若是十来枝枪围住他,他该怎么办呢?枪弹把老榆树都一打一个深洞啊！他想拨转马头回家。可是他的脚还往前走。不能回家。回家只有放牛，耕地，流汗，吃棒子面与打那毫无结果的架。北平才是藏龙卧虎的地方，尽管枪多，好汉总还是好汉。他进了安定门。

打听明白天桥儿是在正南，他便一直的奔了天桥去。在城里，看见汽车、电车，金匾的大铺子，他高兴的多了。一边走，一边盘算，假若他单人独马去劫一辆车，或一家金店，岂不就等于劫皇饷，盗御马么？那些他所记得的红脸绿脸，有压耳毫，穿英雄氅的人们，在他心中出来进去，如同一出武戏。

在天桥儿，他还没敢作案。袋里有那点卖田地的钱，他吃了水爆羊肚，看了坤班的蹦蹦戏，还在练拳卖膏药，举双石头，和摔跤的场子上帮了场，表演了几次。不到三四天，这一带的流氓土混混几乎都知道了北京的康小八。酒肉朋友，一天就能拜两起儿盟兄弟。二铁——北京的康小八——的嘴虽不大伶俐，可是腰里很硬。大家不但知道他腰里有钱，而且有手枪。当他被大家灌醉了的时候，大家故意的探问："钱花光了怎办呢？"

他的黑脸被酒力催的，变成黑紫，他本想不回答这问题，可是嘴不听使，极快的说出来："我有枪，我是康小八！"

他的盟兄弟们已经不是梁山泊上的一百单八将了。他们在七七的前夕把他卖给了侦缉队。

他开枪拒捕，走出了永定门。

在小破土庙里，他倚着供桌打了一个盹。睁眼，已经天亮了。他很高兴这样无心中的开了张。从此，他的一切就专凭他的胆量与手枪了。他不能再拐弯,眼前的道路像摆好了的火车道,他只有像火车似的叮叮哨哨的循轨前进。他已经是一条好汉了,只须再做几件胆大手狠的事,便成了惊天动地的英雄好汉。

不凑巧,芦沟桥的炮声震动了全世界,谁还注意什么康小八不康小八呢。北平所有的枪都准备着向敌人射击,只有二铁还梦想着用他自己的那枝小黑东西去劫一辆汽车。

他不明白大家的愤怒、惊疑、吼叫、痛哭、咒骂都是为了什么。他一心一意的想教大家叫他作八太爷而人们却全都诅咒着日本人。噢,日本人,他自己也憎恶日本人。今天,他的八太爷的称号与威风被日本人压下去,所以就更恨日本人了。他是不是应当去和日本人干干教日本人也晓得他是八太爷呢?他不能决定。他的脑子不够用的了。

他安然的回到天桥儿,仿佛他从未开过枪,拒过捕似的。找到了出卖他的人,他想再试一试枪,增加一点威风。可是,他们并毫无惧色。他们众口一音的说;"咱们这点臭事算得了什么呢?有本事打日本人去!"

听到这种话,他分辨不出大家是激他,还是怕他。他只觉得这样的话似乎能往他心里去,使他没法不留下子弹,另有用途。

北平沦陷。当大队日本坦克车和步兵由南苑向永定门进行时,二铁在城外,趴在路旁的一株柳树后面。极快的他把子弹全射了出去。还没等日本鬼们来捉他。他已一跃而出:"孙子们,好汉作事好汉当,我是康八太爷!"

他本想日本人会把他拖到菜市口,他好睁着眼看自己怎么死。在死的以前,他会喊喝:"我打死他们六个,死得值不值?"等大家喝完了彩,他再说:"到大柳庄去传个信,我王二铁真成了康八太爷!"

可是,多少刺刀齐刺进他的肉。东洋的武士不晓得康小八,他们的武士道也不了解康小八的胆气与刚强。

一筒炮台烟

阙进一在大学毕业后就作助教。三年的工夫,他已升为讲师。求学、作事、为人,他还像个学生;毕业、助教、讲师,都没能使他忘了以前的自己。在大学毕业的往往像姑娘出嫁,今天还是腼腆的小姐,过了一夜便须变为善于应付的媳妇。进一不这样。直到作了讲师,他的衣服仍旧是读书时代的那些,衣袋里还时常存着花生米。他不吸烟,不喝酒,不会应酬,只有吃花生米是他的嗜好。

作了讲师,他还和学生们在一块去打球和作其他的运动与操作。有时候,他也和学生们一齐站在街上吃烤红薯,因此,学生们都叫他阙大哥。课后,他的屋里老挤满了男女同学,有的问功课,有的约踢球,有的借钱,有的谈心。他的屋子很小,可是收拾得极整齐清爽。门外铺着一个破麻袋,同学们有踏了泥的,必被他勒令去在麻袋上擦鞋底。小几上有个相当大的土磁花瓶,没有花,便插上几根青草,或一枝树叶。女同学们时常给他带来一点花。把花插好,他必亲自把青草或树叶扔在垃圾箱里去。他几乎永远不支使工友,同学们来到,他总是说一声:"请不要把东西弄乱,我给你们提开水去。"

虽然接近同学,他可是永远不敷衍他们。他授课认真,改卷认真,考试认真,因此,他可就得罪了一小部分不用功的学生。在他心里,凡是按规矩办理,就是公正无私,而公正无私就不应当引起任何人反感。他并不因为恨恶谁,才叫谁不及格。同时,他对不及格的学生表示,他极愿特别帮助他们在课外补习;因为给他们补习功课,而牺牲了他自己的运动时间也无所不可。通融办理,可是,绝对作不到。

这个公正无私的态度与办法,使他觉得他可以畅行无阻,可以毫不费心思而致天下太平。所以,他一天到晚老是快活的,像个无忧无虑的小鸟儿。

但是当他升为讲师的时候,他感到自己个儿的快乐,像孤独的一枝美丽的花,是无法拦阻暴风雨的袭来的。好几位与他地位相等的朋友,都争那个讲师的位子,他丝毫没把这件事放在心里,更不想去向谁说句好话,或折腰。他以为那是极可耻的事。

聘书落在了他的手中。这,惹恼了竞争地位的同事们,而被他得罪过的同学也随着兴风作浪。他几乎一点也不晓得,假若聘书落在别人的手中,他一定不会表示什么不满意,聘谁和不聘谁是由学校当局做主啊。所以,聘书到了他自己手中,他想别人也无话可说。可是慢慢的,女同学们全不到他的屋中来了;又过了一个时期,男同学也越来越少了。没有人来,正好,他可以安静的多读点书,他想不到风之后,会有什么大雨下来。谣言都已像熟透了的樱桃,落在地上,才被他拾起来。他有许多罪过;贪玩不好教书,巴结学校当局,行为有乖师道。联络学生……还有引诱女生。

他是个粗壮而短矮的人,无论是立着还是躺着。他老像一根柏木桩子似的。模样长的不错,而脸色相当的黑;因此,他内心的爽朗与眉眼的端正都遮上了一片微黑的薄云。

好像帮助他表示爱说话似的，他的嘴特别大。每当遇到困难问题，他的大嘴会向左边——永远向左边——歪，直到无可再歪，才又收回来。歪完了嘴而仍解决不了问题，他的第二招是用力的啃手指甲，有时候会啃出血来。

谣言的袭击，使他歪了几小时的嘴，而且咬破了手。最后，他把嘴角收回，对自己说："扯淡！辞职，不干了！"马上上了辞职书。并且，绝对不见一个朋友，一个学生。自己的事，自己拿主意，用不着宣传。

辞呈被退回来，并且附着一封慰留的信。

把文件念了两三遍，他又歪了嘴，手插在裤袋里，详细的打主意。大约有十分钟吧，他的主意已打定："谣言总是谣言。学校当局既不信谣言，而信任我，再多说什么便是故意的罗嗦！算了吧，"对自己说完了这一套，他打开了屋门与窗子，叫阳光直接射到他的黑脸上；一切都光亮起来。极快的买来一包花生米，细细的咀嚼；嚼到最香美的时候，嘴向左边歪了去。又想起个主意来，赶快结婚，岂不把引诱女生的谣言根本杜绝？对的。他给表妹董秀华打了电报去。

他知道，秀华表妹长得相当的清秀，而脾气不大很好——小气，好吵嘴。他想，只有他足以治服她的小嘴；绝对不成问题。他还记得：有一回——大概有五六年了吧——他偷偷吻了她一下，而被她打了个大嘴巴子，打的相当的疼。可是他禁得住；再疼一点也没关系。别个弱一点的男子大概就受不了，但是他自己毫不在乎，他等着回电。

等了一个星期，没有回电或快信。他冒了火。在他想，他向秀华求婚，拿句老话来说，可以算作"门当户对"。他想不出她会有什么不愿意的理由。退一步讲，即使她不愿接受他，也该快点回封信；一声不响算什么办法呢？在这一个星期里，他每天要为这件不痛快的事生上十分钟左右的气。最后他想写一封极厉害的信去教训教训秀华。歪着嘴，嚼着花生米，他写了一封长而厉害的信。写完，又朗读了一遍，他吐了口气。可是，将要加封的时候，他笑了笑，把信撕了。"何必呢！何必呢！她不回信是她不对，可是自己只去了个简单的电报，人家怎么答复呢？算了！算了！也许再等两天就会来信的。"

又过了五天，他才等到一封信——小白信封，微微有些香粉味；因为信纸是浅红的，所以信封上透出一点令人快活的颜色。信的言语可是很短，而且令人难过："接到电报，莫名其妙！敬祝康健！秀。"

进一对着信上的"莫名其妙"愣了十多分钟。他想不出道理来，而只觉得妇女是一种奇怪的什么。买了足够把两个人都吃病的花生米，他把一位号称最明白人情的同事找来请教。

"事情成功了。"同事的告诉他。

"怎么？"

"你去电报，她迟迟不答，她是等你的信。得不到你的信，所以她说莫名其妙，催你补递情书啊。你的情书递上，大事成矣。恭喜！恭喜！"

"好麻烦！好麻烦！"进一啼笑皆非的说，可是，等朋友走后，他给秀华写了信。这是信，不是情书，因为他不会说那些肉麻的话。

按照他的想法，恋爱、定婚、结婚，大概一共有十天就都可以完事了。可是，事情并没有这么简便干脆。秀华对每件事,即使是最小的事,也详加考虑——说"故意麻烦"也许更正确一点。"国难期间,一切从简,"在进一想,是必然的。到结婚这天,他以为,他只须理理发,刷刷皮鞋,也就满够表示郑重其事的了。可是,秀华开来的定婚礼的节目,已足使两个进一晕倒的。第一,他两人都得作一套新衣服,包括着帽子、皮鞋、袜子、手帕。第二,须预备二三桌酒席;至不济,也得在西餐馆吃茶点。第三,得在最大的报纸的报头旁边,登头号字的启事。第四,……进一看一项,心中算一算钱,他至少须有两万元才能定婚!他想干脆的通知秀华,彼此两便,各奔前程吧。同时,他也想到:劳民伤财的把一切筹备好,而亲友来到的时节谁也说不清到底应当怎样行礼,除了大家唧咕唧咕一大阵,把点心塞在口中,恐怕就再没有别的事;假若有的话,那就是小姐们——新娘子算在内——要说笑,又不敢,而只扭扭捏捏的偷着笑。想到这里,他打了个震动全身的冷颤!非写信告诉秀华不可:结婚就是结婚,不必格外的表演猴儿戏。结婚应当把钱留起来,预备着应付人口过多时的花费。不能,不能,不能把钱先都花去,叫日后相对落泪。说到天边上去,他觉得他完全合理,而表妹是瞎胡闹。他写好了信——告诉她彼此两便吧。

好像知道不一定把信发出去似的,也没有照着习惯写好信马上就贴邮票。他把信放在了一边。秀华太麻烦人,可是,有几个不罗嗦的女子呢?好吧,和她当面谈一谈,也当更有效力。

预备了像讲义那么有条理的一片话,他去找秀华。见了面,他的讲义完全没有用处。秀华的话像雨里的小雹子,东一个,西一个,随时闪击过来;横的,斜的,出其不意的飞来，叫他没法顺畅的说下去。有时候，她的话毫无意义，回答也好，不回答也好，可是适足以扰乱了进一的思路。

最后，他的黑脸上透出一点紫色，额上出了些汗珠。"秀华，说干脆的，不要乱扯！要不然，我没工夫陪你说废话！我走！"

他真要走，并不是吓吓她，也没有希望什么意外的效果。可是，秀华让步了。他开始对着正题发言。商谈的结果：凡是她所提出的办法，一样也没撤销，不过都打了些折扣。进一是爽快的人，只要事情很快的有了办法，他就不愿多争论。而且，即使他不惜多费唇舌，秀华也不会完全屈服；而弄僵了之后，便更麻烦——事事又须从头商讨一遍啊。

他们定了婚，结了婚。

在进一想，结婚以后的生活应当比作单身汉的时候更简单明快一些，因为自己有了一个帮忙的人。因此，在婚前，他常常管秀华叫作"生活的助教"。及至结了婚，他首先感觉到，生活不但不更简单一些，反而更复杂的多了。不错，在许多的小事情上，他的确得到了帮助：什么缝缝钮扣，补补袜子呀，现在已经都无须他自己动手了。可是，买针买线，还得他跑腿，而且他所买的总是大针粗线，秀华无论如何也不将就！为一点针线，他得跑好几趟。麻烦！麻烦得出奇！

还有秀华不老坐在屋里安安静静的补袜子呀。她有许多计划，随时的提将出来。他连头也不抬，就那么不着痕迹的，一边挑花，或看《妇女月刊》，一边的说："咱们该请王教授们吃顿饭吧？你都不用管！我会预备！"或者"咱们还得买几个茶杯。客来了，不够用的呀！我已经看好了一套，真不贵！"

进一对抗战是绝对乐观的。在婚前，只要一听到人们抱怨生活困难，他便发表自己的意见！"勒紧了肚子，没有过不去的事。我们既没到前线去作战，还不受点苦？民族的复兴，须要经过血火的洗礼！哼！"他以为生活的困难绝对不足阻碍抗战的进行，只要我们自己肯像苦修的和尚那么受苦。他的话不是随便说的，他自己的生活便是足以使人折服的实例。因此，他敢结婚。他想，秀华也是青年，理应明白抗战时所应有的生活方式。及至听到秀华这些计划，他的嘴歪得几乎不大好拉回来了。秀华已经告诉他好几次，不要歪嘴，可是他没法矫正自己。他想不到秀华会这么随便的乱出主意。他可是也不便和她争辩，因为争辩是吵架的起源。

"别以为我爱花钱请贵客，"秀华不抬头，而瞟了丈夫一眼，声音并没提高，而腔调更沉重了些，"我们作事就得应酬，不能一把死拿，叫人家看不起咱们！"

进一开始啃手指甲。他顶恨应酬。凭自己的本领挣饭吃，应酬什么呢？况且是在抗战中！但是他不敢对她明言。她是那么清秀，那么娇嫩，仿佛是与他绝对不同的一种人。既然绝对不相同，她就必有她的道理。在体格上，学识上，他绝对相信自己比她强的。他可以控制她。但是，无论怎样说，她是另一种人，她有他所没有的一些什么。他能控制她，或者甚至于强迫她随着他的意见与行动为转移。可是，那并不就算他得到了一切。她所有的，永远在他自己的身上找不到。她的存在，从某一角度上去看，是完全独立的。要不然，他干么结婚呢？

他只好一声不响。

秀华挑了眼:"我知道,什么事都得由着你!我不算人!"她放下手中的东西,眼中微湿的看着他,分明是要挑战。

他也冒了火。他丝毫没有以沉默为武器的意思。他的不出声是退让与体谅的表示。她连沉默也不许,也往错里想,这简直是存心怄气。还没把言语预备好,他就开了口,而且声音相当的直硬:"我告诉你!秀华!"

夫妻第一次开了口战。谁都有一片大道理,但是因为语言的慌急,和心中的跳动,谁都越说越没理;到后来,只求口中的痛快,一点也不管哪叫近情,何谓合理;说着说着,甚至于忘了话语的线索,而随便用声音与力气继续的投石射箭。

经过这一次舌战,进一有好几天打不定主意,以后是应该更强硬一点好呢?还是更温和一点好呢?幸而,秀华有了受孕的征兆,她懒,脸上发黄,常常呕吐。进一得到了不用说话而能使感情浓厚的机会,他服侍她,安慰她,给她找来一些吃不吃都可以的小药。这时候,不管她有多少缺点,进一总觉得自己有应当惭愧的地方。即使闹气吵嘴都是由她发动吧,可是她现在正受着一种苦刑,他一点也不能分担。她的确是另一种人,能够从自己的身中再变出一个小人来。

看着她,他想象着将要作他的子或女的样子:头发是黑的,还是黄的;鼻子是尖尖的,还是长长的?无论怎么想,他总觉得他的小孩子一定是可爱的,即使生得不甚俊美,也是可爱的。

在婚前,有许多朋友警告过他!小孩子是可怕的,因为小人比大人更会花钱。他不大相信。他的自信心叫他敢挺着胸膛去应付一切困难。他的收入很有限，又没有什么财产。他知道困难是难免的，但不是不可克服的。一个人在抗战中，他想，是必须受些苦的。他不能因为增加收入而改行去作别的。教育是神圣的事业。假若他为生活舒服而放弃了教职，便和临阵脱逃的一位士兵一样。同时，结婚生孩子是最自然的事，一个人必须为国家生小孩，养小孩，教育小孩。这样，结婚才有了意义，有了结果。在困苦中，他应当挺着胸准备做父亲，不该用皱皱眉和叹气去迎接一条新生命。困难是无可否认的，但是唯其有困难，敢与困难搏斗，仿佛才更有意义。

可是，金钱到手里，就像水放在漏壶里一样，不知不觉的就漏没有了。进一还是穿着那些旧衣服，还是不动烟酒，不虚花一个钱。可是一个月的薪水不够一个月花的了。要糊过一个月来，他须借贷，他问秀华，秀华的每一个钱都有去路，她并没把钱打了水漂儿玩。

他不肯去借钱，他甚至看借钱是件可耻的事。但是咬住牙硬不去借，又怎么度过一个月去呢？他不能叫怀孕的妇人少吃几顿饭！

他向来不肯从别人或别处找来原谅自己的理由。不错，物价高了，薪水太少，而且自己又组织了家庭。这些都是一算便算得出来的，像二加二等于四那么显明。可是，他不肯这么轻易的把罪过推出去。他总认为家庭中的生活方式不大对，才出了毛病。或者仅是自己完全不对，因为若把罪过都推在秀华身上去，自己还算什么男子汉大丈夫呢？

秀华有一点钱便给肚中的娃娃预备东西。小鞋、小袜、小毛衣、小围嘴……都做得相当的考究，美观。进一很喜欢这些小物件，可是一打听细毛线和布帛的价钱，他才明白，专就这一项事来说，他的月薪当然不够花一个月的了，由这一点，他又想到生娃娃和生产以后的费用；大概一个月的薪水还不够接生的花费呢！秀华的身子是一天比一天的重了。他不敢劝她少给娃娃预备东西，也不敢对她说出生娃娃时候的一切费用。她需要安静，快乐；他不能在她身体上的苦痛而外，再使她精神上不痛快。他常常出一头冷汗，而自己甩手偷偷的擦去。他相信自己并没作错一件事，可是也不知怎的一切都出了岔子。

秀华的娘家相当的有钱，她叫进一去求母亲帮忙。他不肯去。他从大学毕业那一天，就没再用过家中一个钱。那么，怎好为自己添丁进口而去求岳母呢。他的嘴不是为央求人用的。

这，逼得秀华声色俱厉的问他："那么，怎么办呢？"

进一惨笑了一下："受点苦，就什么事都办了！"

为证明他自己的话合理，进一格外努力的操作。他起得很早，把屋里屋外收拾得顶整洁，仿佛是说："你看，秀华，贫苦并无碍于生活的整洁呀！"同时他在一个补习学校兼了钟点。所得的报酬很少，可是他满脸笑容的把这一点钱递在秀华手中："秀华，别着急，咱们有办法，咱们年轻轻的，肯出点汗，还能教贫穷给捉住吗？是不是，秀华？"

秀华很随便的把那一点钱放在身旁，一语未发。

进一啃了半天手指甲，而后实在忍不住了，才低声的，恳切地说：

"华！我知道这一点钱太少，没有什么用处。可是，积少成多，我再去想别的法子呀。比如说，我可以写点稿子卖钱。"

"写稿子！"秀华冷淡的问。

"嗯！"进一想了一会儿："是这样，秀华，我尽到我的心，卖尽我的力，去弄钱。可是弄钱只为解决生活，而不为弄钱而弄钱。因此，我去兼课，我写稿子，一方面是增加收入，一方面也还为教书与作文章有益于别人的事。假若，你以为我可以用我的心力去作生意，发国难财，除了弄钱别无意义，你就完全把我看错了！我希望你把我凭良心挣下来的每一个钱，都看成我的爱，我的劳力，我的苦心的一个象征。你要为这样的钱吻我，夸赞我，我才能得到鼓励，要更要好要强，像一匹骏马那样活泼有力，勇敢热烈！能这样，我们俩便是一对儿好马，我们还怕拖不动这一点困苦吗？笑！秀华！笑！发愁，苦闷，有什么用处呢！"

秀华很勉强的笑了一笑。她有一肚子的委屈，可是只简单的缩敛成很短的，没有头尾的几句话："什么也没有，没有交际，没有玩耍，没有……"

"我知道！我知道！每次朋友来，都叫你脸红。没有好茶叶，漂亮的点心，没有香烟……甚至于没有够用的凳子和茶碗。可是，朋友们也该知道现在是抗战时期呀。他们知道这个，就该原谅咱们。假若咱们是由发国难财而有好茶好香烟好茶杯给他们享受，他们和咱们就都没有了良心，你说是不是？秀华，打起精神来；别再叫我心里难过！"

秀华没再说什么，可是脸上也并没有一点笑容。进一也不敢再多讲，他知道话太多了也不易消化。他去擦皮鞋，扫地，以免彼此对愣着。虽然如此，屋中到底还是沉静得难堪。

一位朋友来给解了围。进一的迎接朋友是直爽而热烈的。有茶,他便倒茶;没茶,他干脆说没有。假若没有茶,而朋友真口渴呢,他就是走出二里地也得把茶水弄了来。

这位朋友是来求他作点事。在婚后,正如婚前,进一有求必应的。特别在婚后,他仿佛是故意的作给秀华看:"你说咱们不会招待朋友,朋友有事可是先来求我呀!彼此帮忙才是真朋友,应酬算什么呢!"

三言两语,朋友把事情说清楚;三言两语,进一说明了他可以帮忙。然后,他三步当作两步的去给友人办理那件事。

把事情办成,他给了友人回话,而后把它放在脑子后头——进一永远不爱多说怎样给别人帮忙的经过;帮忙是应该的,用不着给自己宣传。

过了几天,他已经几乎把这件事忘得一干二净了,友人来了,给他道谢。一边说着话,友人顺手的放下一筒儿炮台烟。

"喝!炮台!"进一笑着说。"干什么?"

"小意思!"友人也笑了笑。"送给你的!"

"我不吸烟!"进一表示不愿接收礼物。

"留着招待朋友。遇到会吸烟的。你送他一枝,一枝,他也得喜欢!"说罢,友人就搭讪着告辞了。

送客回来,他看见秀华正拿着那筒烟细细的看呢,倒仿佛从来没看见过的样子。

"秀华!"进一笑着叫。"给他送回去吧,反正咱们俩都不抽烟。凭咱们这破桌子烂板凳,摆上这么一筒烟也不配合！"

"你掂一掂！"秀华把筒儿举起来。

"干吗？"

"不像是烟，烟没有这么沉重！"

进一接过烟来，掂了一掂。掂了一小会儿，"不是香烟！可也不能是大烟吧？"说着，他把筒的盖儿掀开。"钱！"

"钱？"秀华探着脖子看。"多少？"

"管他多少呢，我马上给他送回去！"进一颇用力的把盖儿盖好。就要往外走。

"等等！你等等！"秀华立了起来。"到底是怎回事？"

"他托我给说了个情，我给办到了。没费我一个铜板，干吗送我钱呢？"进一又把嘴歪到左边去。

"大概事情不那么简单吧？"秀华慢慢的坐下。"求你的事必不像他说的那么容易。人家求你，你仿佛吃了蜜，连事情还没弄明白就一劲儿点头！"

"管它呢，反正我不能收这点钱！"

"这点钱，他应当给，应当多给！"

"秀华！"进一的脸上很不好看了。"这是贿赂！一文钱也是贿赂！"

说完，进一又要往外走。

从外面进来个二十岁上下的学生，走得慌速，几乎和进一碰个满怀。

"阙先生！"学生的眼中含着泪。

"怎么啦？丁文！"进一关切的问。

"弟弟急性盲肠炎！入院得先交一千，动手术又得一两千！他疼得翻滚，我没钱！我们的家在沦陷区！先生，你救命！"丁文把话一气说完，一下子坐在了小凳上，头上冒出大汗珠子。

"嗯！"进一手中掂着那个香烟筒，打主意。他好像忘了筒里装的是钱，而忽然的想起来。"等我看看！不要着急！"他打开烟筒，把一卷塞得很结实的钞票用力扯出来。极快的他数了一数。"嘿，整三千！丁文，这不是好来的钱，你愿意用吗？"

丁文几乎像抢夺似的把一卷票子抓在手中。"先生，人命要紧！"他噗咚一声跪在地上，磕了一个头起来，没再说什么，像箭头儿似的飞跑出去。

进一把嘴歪到一边，向门外发愣。

"进一！"秀华含着怒喊叫，"我不久也得入医院，也得先交一千，也得花一两千医药费！你怎么不给我想一想呢？你从哪里再弄到三千元呢？"

进一慢慢的走过来，轻轻的拍了两下秀华的肩。"华，天无绝人之路，咱们必有办法。无论什么吧，咱们的儿女必要生得干净！生得干净！"